INTEGRATION UND MONTESSORI-PÄDAGOGIK

W0196376

Integration und Montessori-Pädagogik

INTERNATIONALE KRIMMLER
MONTESSORI-TAGE 1994

Herausgegeben von Herbert Haberl

Symposium zum Thema
„Integration –
Die Vielfalt als Chance"

Herder
Freiburg · Basel · Wien

Alle Rechte vorbehalten – Printed in Germany
© Verlag Herder Freiburg im Breisgau 1995
Herstellung: Freiburger Graphische Betriebe 1995
ISBN 3-451-23876-4

INHALT

Vorwort

Die vorliegende Publikation ist ein Bericht über die „Krimmler Montessori-Tage 1994", die diesmal unter dem Motto **„Integration – Die Vielfalt als Chance"** standen.
Der Begriff „Integration" bedeutet in diesem Zusammenhang nicht nur, daß **behinderte Kinder gemeinsam** mit anderen lernen – auch das wird von einem prominenten Vertreter der Montessori-Pädagogik ausführlich dargelegt –, sondern Integration wird darüber hinaus in einer umfassenderen Bedeutung verstanden. So wird in einem Beitrag auf die Problematik und auf die Chancen verwiesen, die sich beim gemeinsamen Unterricht deutscher Kinder mit **Kindern nicht-deutscher Muttersprache** ergeben, und zwar unter Zugrundelegung der Pädagogik und anthropologischen Sicht Maria Montessoris.
Die im deutschsprachigen Raum noch durchweg übliche Trennung der Mittelstufenschüler/innen in Leistungsgruppen wird einer kritischen Analyse und Bewertung unterzogen und zwar unter dem Aspekt der internationalen Tendenz nach vermehrter Integration im Regelschulwesen. Aber auch die integrative schulische Betreuung von **Hochbegabungen** wird ausführlich thematisiert. Bei einer so heterogenen Zusammensetzung von Lerngruppen ergeben sich besondere Aspekte bei der **Leistungsbeurteilung** der einzelnen Schüler und Schülerinnen, besonders im Hinblick auf die „schulische Aufgabe zwischen Leistungs- und Beziehungskultur".
Ein Erfahrungsbericht aus den Vereinigten Staaten gibt darüber Auskunft, welche Methoden und Vorgangsweisen sich anbieten, um alle am schulischen Geschehen Beteiligten – also Lehrer/innen, Eltern und Schüler/innen – bei der Gestaltung eines **autonomen Schulprofils** miteinzubeziehen.
Abschließend wird in einem grundsätzlichen Beitrag ausgeführt, daß die **Kosmische Erziehung** in letzter Konsequenz eine Forderung nach integrativer Auseinandersetzung mit Lernangeboten der verschiedensten Fachbereiche ist.
In diesem Bericht von einem Montessori-Symposium werden von international anerkannten Experten die zeitlosen Erkenntnisse der italienischen Pädagogin mit bildungspolitisch aktuellen Themen in Beziehung gesetzt, in der Absicht, Anregungen allen jenen anzubieten, die mit Erziehungsfragen zu tun haben.

Der Herausgeber

7

Theodor Hellbrügge

Integration mehrfach und verschiedenartig behinderter Kinder in den Montessori-Schulen des Kinderzentrums München

Das Kinderzentrum München wurde vor 25 Jahren gegründet, um das sozialpädiatrische Konzept der Entwicklungs-Rehabilitation in die Behindertenhilfe einzubringen.

Die sozialpädiatrische Entwicklungs-Rehabilitation bezieht sich nicht auf eine spezielle Störung, Schädigung und der daraus möglicherweise entstehenden Behinderung, sondern nutzt die Chancen der einzigartigen Um- und Anpassungsfähigkeit des kindlichen Gehirns und der vom Gehirn gesteuerten Funktionen in der frühen Kindheit, um Kinder mit angeborenen oder früherworbenen Schäden oder Störungen zu heilen oder wenigstens so zu bessern, daß sie nicht behindert werden.

Das Ziel der Entwicklungs-Rehabilitation ist die Eingliederung in die Welt des gesunden Kindes. So wie das Ziel der Erwachsenen-Rehabilitation die Eingliederung in das Berufsleben darstellt, so liegt das Ziel der Kinder-Rehabilitation in der Eingliederung in den normalen Kindergarten und in die normale Schule.

Grundlagen der Entwicklungs-Rehabilitation

Die Grundlagen der Entwicklungs-Rehabilitation liegen entsprechend in
- Frühdiagnose,
- Frühtherapie und
- früher sozialer Eingliederung
behinderter sowie von Behinderung bedrohter Kinder.

Das entscheidende Element der Entwicklungs-Rehabilitation ist die kindliche Sozialentwicklung, d. h. die Entwicklung zur Selbständigkeit und zur Kontaktfähigkeit mit anderen nichtgestörten oder behinderten Kindern und später auch mit Erwachsenen.

Die kindliche Sozialentwicklung basiert auf der Bindung an eine konstante mütterliche Hauptbezugsperson ersten Grades sowie weiteren Hauptbezugspersonen zweiten und dritten Grades, in praxi auf der Kraft der Familie. Aus diesem Grunde wird in der sozialpädiatri-

9

schen Entwicklungs-Rehabilitation die Frühbehandlung systematisch in die Familie verlagert. Die Eltern – gegebenenfalls auch die Geschwister – werden zu „Kotherapeuten", wobei das therapeutische Geschehen soweit wie möglich in den Alltag der Familie integriert ist.

Eingliederung in die Familie

Unter diesen Umständen ist die Eingliederung in die Familie das erste und wichtigste Ziel der Entwicklungs-Rehabilitation, denn nur das in die Familie integrierte behinderte oder von Behinderung bedrohte Kind hat eine optimale Chance in seiner Entwicklung. Um das Ziel der Integration in die Familie zu erreichen, ist ein erheblicher Aufwand an Erziehungsberatung und Erziehungstherapie notwendig, denn das Schockerlebnis bei der Geburt eines behinderten Kindes und die darauf folgende Betroffenheit lassen viele Eltern resignieren oder führt sie zu überschießenden Aktivitäten außerhalb der Familie.
Wir halten die Integration in die Familie aber für so wichtig, daß wir im Kinderzentrum München für Kinder ohne Familie oder ohne genügende Familie neue Pflege- und Adoptionsfamilien suchen. Sie werden durch ständige Beratung und Therapieanleitung dahin gebracht, als Heilpädagogen tätig zu werden. Über 400 behinderten Kindern konnte seit 1980 auf diese Weise eine Familie geschenkt werden.

Elemente der Entwicklungs-Rehabilitation

Als Elemente der Entwicklungs-Rehabilitation werden im Kinderzentrum München neue Wege der Frühdiagnose, Frühtherapie und frühen sozialen Eingliederung beschritten.
Für die **Frühdiagnose** wurde die ethologische Diagnostik in die Kinderheilkunde eingeführt. So stellt die Münchener Funktionelle Entwicklungsdiagnostik (Hellbrügge 1978) die entscheidende Basis dar, um bei den wichtigsten Funktionsbereichen des Krabbelns, Sitzens, Laufens, Greifens, vor allem der Perzeption, des Sprechens, des Sprachverständnisses und der Sozialentwicklung Entwicklungsrückstände erkennbar zu machen, die gleichzeitig die Basis für eine frühe funktionelle Entwicklungstherapie (Schamberger 1978) sind.

10

Bei **Störungen der motorischen Entwicklung** hat sich die neuro-kinesiologische Diagnostik nach Vojta hervorragend bewährt. Sie ist gleichzeitig die Grundlage für die ebenfalls von Vojta konzipierte neurokinesiologische Physiotherapie.

Für die **frühe Sprachanbahnung** bei hörgestörten, mehrfach behinderten Säuglingen hat sich das Konzept nach Schmid-Giovannini bewährt (Schmid-Giovannini 1976).

Bei **primären oder sekundären Störungen des Verhaltens** wird eine frühe Interaktionstherapie für das betroffene Kind und seine Eltern durchgeführt. Hinzu kommen systematisches Elterntraining auf der Basis des Konzeptes von Innerhofer sowie Programme der Verhaltensmodifikation, die auch zusätzlich zur Sprachanbahnung z. B. bei schwer geistig behinderten Kindern eingesetzt werden.

Für die **soziale Integration** wurde die Montessori-Pädagogik erstmalig systematisch in der Behindertenhilfe eingesetzt. Die sinnesphysiologischen Elemente des Montessori-Materials wurden und werden z. T. für spezifisch behinderte Kinder adaptiert. Es wird im Rahmen der Montessori-Einzeltherapie und der Kleingruppentherapie unter Einschluß der Eltern als heilpädagogische Hilfe für verschiedenartig behinderte Kinder benutzt.

In der Montessori-Pädagogik wurde als kindzentrierte Pädagogik ein hervorragender Weg gefunden, um integrierte Erziehung verschiedenartig behinderter mit nichtbehinderten Kindern zu verwirklichen. (Hellbrügge 1977, Hellbrügge & Montessori 1978)

Integrierte Erziehung

Diese Idee ergab sich zwangsläufig aus den Erkenntnissen des Deprivationssyndroms bei nichtbehinderten Kindern. Sie zeigten, daß von sämtlichen Funktionen, die das junge Kind zu erlernen hat, der Sozialentwicklung die mit Abstand größte Bedeutung beizumessen ist, und zwar nicht nur im Säuglingsalter mit Bindung an eine konstante mütterliche Hauptbezugsperson, sondern auch in den darauf folgenden Alters- und Entwicklungsstufen, in denen das Kind allmählich selbständig wird und in seiner Selbständigkeit Kontakt mit anderen Kindern aufnehmen muß.

Soziale Lernprozesse werden in altersgleichen Gruppen und in alters- und leistungsgleichen Gruppen eher vermieden, während unterschiedlich alte und erfahrene Kinder in ihrem Helfen und Helfenlassen wie von selbst in ihrer Sozialentwicklung gefördert werden („Nur wer hilft, wird selbständig.").

11

Integrierte Erziehung mehrfach und verschiedenartig behinderter mit nichtbehinderten Kindern stellte den Weg dar, nicht nur gesunden Kindern die Möglichkeit des Helfens an behinderten Kindern zu geben, sondern auch verschiedenartig behinderte Kinder untereinander und bei gesunden Kindern zum Helfen zu veranlassen.

Die Möglichkeit einer integrierten Erziehung im Rahmen der internationalen Montessori-Pädagogik (in der weltweit keine behinderten Kinder systematisch gefördert werden) war eine zufällige Erkenntnis, die der Verfasser als Mitglied des Ausschusses „Vorschulische Erziehung" des Deutschen Bildungsrates vor etwa 30 Jahren hatte: Erstmalig sah ich in einen Montessori-Kindergarten, und zufällig befanden sich darin zwei Kinder mit Morbus Down. Meine erstaunte Frage, ob diese geistig behinderten Kinder denn nicht störten, wurde von der Erzieherin mit einer fast ebenso erstaunten Gegenfrage beantwortet: warum diese Kinder in der Montessori-Pädagogik denn stören sollten.

So prägte sich mir der Eindruck ein, daß es in der Montessori-Pädagogik möglich sein müßte, behinderte Kinder in die Gemeinschaft gesunder Kinder zu integrieren. Dies war der Grund, warum in dem vom Verfasser gegründeten Kinderzentrum München von vornherein ein Montessori-Kinderhaus angegliedert wurde.

Integrierte Erziehung im Kindergarten

Unter diesen Umständen ist es verständlich, daß beim Aufbau des Kinderzentrums München von Beginn an ein Integrationskindergarten mit Integration mehrfach und verschiedenartig behinderter Kinder angeschlossen wurde. Einzelheiten des Aufbaus und des Einsatzes der Montessori-Pädagogik bei diesem Integrationskindergarten wurden von Aurin (Aurin 1981) beschrieben. Als vorteilhaft erwies es sich, mit nichtbehinderten Kindern zu beginnen und verschieden alte Kinder aufzunehmen, da nur unterschiedlich alte Kinder sich in ihrer Selbständigkeitsentwicklung fördern. Die altersgemischte Gruppe des Kindergartens hat sich ja auch in eingehenden Untersuchungen den altersgleichen Gruppen in Kindergarten und Vorschule als überlegen erwiesen.

In das stabile Konzept des Kindergartens wurden nach und nach verschiedenartig behinderte Kinder aufgenommen: ein blindes Kind, ein hör- sprachgeschädigtes Kind, ein schwer körperbehindertes Kind, ein geistig behindertes Kind, ein bis zwei lernbehinderte Kinder.

Im Verhältnis der nichtbehinderten Kinder zu behinderten Kindern müssen die nichtbehinderten zahlenmäßig überlegen sein. In einer Gruppe von 25 Kindern ist es möglich, 5 bis 6 verschiedenartig behinderte Kinder zu integrieren. Wenn schwer körperbehinderte Kinder darunter sind, ist es notwendig, einen „Assistenten" in der Gruppe zu haben, der die Bedürfnisse des behinderten Kindes (Eßhilfen, Unterstützung auf der Toilette usw.) bewältigt. Diese Person benötigt keine pädagogischen Kenntnisse.

Einzelheiten über erste Erfahrungen mit der Integration von mehrfach und verschiedenartig behinderten Kindern wurden in dem Buch „Unser Montessori-Modell" 1977 von Hellbrügge beschrieben.

Integration in der Schule

Die Integration mehrfach und verschiedenartig behinderter Kinder im Kindergarten hat sich so hervorragend bewährt, daß auf Wunsch der Eltern behinderter und nichtbehinderter Kinder zwei Jahre später eine Montessori-Schule gegründet wurde, in der erstmalig mehrfach und verschiedenartig behinderte – auch geistig behinderte – Kinder mit nichtbehinderten, auch hochintelligenten Kindern gemeinsam erzogen werden. Diese Schule erwies sich gemessen an unseren Sonderschulgesetzen als „ungesetzlich". Sie mußte deswegen gegen erheblichen Widerstand der Behörden eingerichtet werden und wurde schließlich als Schulversuch im Rahmen der Grundschule genehmigt. Als solcher besteht er derzeitig fast 28 Jahre, denn die Sonderschulgesetze haben sich in Bayern nicht geändert.

Integrierte Erziehung in der Grundschule

Die Erfahrungen mit integrierter Erziehung mehrfach und verschiedenartig behinderter mit nichtbehinderten Kindern in der Grundschule – auf der Basis der Montessori-Pädagogik bzw. der im Kinderzentrum München entwickelten Montessori-Heilpädagogik – waren und sind gleich gut wie die Erfahrungen mit integrierter Erziehung im Kindergarten. Auch in der Grundschule ist die Klassenstärke zwischen 20 und 25 Kinder (der Unterschied ist durch zu kleine Klassenräume unserer Schulen weitgehend bedingt). Auch in der Grundschule muß die Zahl der nichtbehinderten Kinder größer sein als die der behinderten Kinder. Auch in der Grundschule sind in jeder Klasse ein schwer sehbehindertes Kind (nach den amtlichen

Richtlinien als blind zu bezeichnen), ein schwer hörgeschädigtes Kind (nach den amtlichen Richtlinien als taub anzusehen), ein schwer körperbehindertes Kind (z. B. schlaffe Lähmung durch Meningomyolezele oder spastische Lähmung), ein geistig behindertes Kind (Morbus Down), ein bis zwei körperbehinderte Kinder.

Die Kinder lernen gemäß der amtlichen bayerischen Lehrpläne, weshalb das System gegenüber dem Regelschulsystem völlig offen ist. Jederzeit kann ein behindertes oder nichtbehindertes Kind ohne Schwierigkeiten in die Schule ein- und austreten. Die Kinder bekommen keine Noten. Es besteht keine Hausaufgabenpflicht. Da die Kinder für Hausaufgabenleistungen eine besondere Anerkennung erhalten, arbeiten sie gern zu Hause, wobei den Eltern die ausdrückliche Anweisung gegeben wird, sie möglichst nicht zu unterstützen, sondern sie selbständig arbeiten zu lassen. Nur so können die Lehrer erfahren, ob ein Kind Schwierigkeiten beim selbständigen Arbeiten hat und ihm entsprechende Hilfen geben.

Wegen der jahrgangsweisen Einschulung, die wir vom Grundsatz her nicht befürworten, haben wir in den ersten Jahren Jahrgangsklassen gehabt, in die jeweils behinderte Kinder integriert waren. Seit einiger Zeit sind die ersten drei Jahrgänge gemischt in dem Sinne, daß ein Drittel der Kinder der ersten Klasse, ein Drittel der zweiten Klasse und ein Drittel der dritten Klasse zuzurechnen sind.

Dieses **Prinzip der Nichtjahrgangsklassen** hat die Effektivität der Arbeit in den Klassen beträchtlich erhöht. Dies kam dadurch zustande, weil besonders kleinere Kinder vor allem durch Nachahmung lernen. Sie übernehmen die Verhaltensmuster bei der Arbeitshaltung, den Umgang mit dem Arbeitsmaterial sowie die Verhaltensmuster sozialer Umgangsformen von den älteren, erfahreneren Kindern.

Ein weiterer Vorteil liegt darin, daß das Verhältnis der altersgemischten Kinder untereinander leichter und zwangloser ist als zwischen Erwachsenen und Kindern. Ein älteres Kind kann einem jüngeren Kind eine Sache unter Umständen besser erklären als ein Erwachsener, weil Kinder sich in ihrer Wortwahl und ihrer Denkweise näher stehen.

Die **altersgemischte Jahrgangsgruppe** bietet eine Vielfalt von sozialen Anknüpfungspunkten. Der Erstklässler, der vor Jahresbeginn in die altersgemischte Gruppe eintritt, findet ein funktionierendes Sozialgefüge vor, weshalb sich die übliche Anlaufzeit von 3 Monaten im ersten Schuljahr erübrigt.

Die altersgemischte Klasse ermöglicht es dem Lehrer, den von ihm vorbereiteten Unterricht in Deutsch und Mathematik, auch in Sachkunde, jeweils in kleinen Gruppen zu erteilen.

Die altersgemischte Gruppe hat sich schließlich auch auf das Spielen in der Pause auf dem Hof positiv ausgewirkt, weil Rivalität in den verschiedenen Jahrgangsstufen verschwindet und weil damit die Integration der behinderten Kinder noch leichter geworden ist. Die einzige Schwierigkeit bei der Integration behinderter Kinder ergibt sich bei schwer verhaltensgestörten, aggressiven Kindern. Hier ist unter Umständen eine zusätzliche Therapie außerhalb der Schule notwendig, bis diese Kinder erfolgreich integriert werden können.

Weitere Entwicklung der Schule

Aus der Grundschule entwickelt sich nach und nach eine Hauptschule, ebenfalls mit gemeinsamer Erziehung mehrfach und verschiedenartig behinderter Kinder sowie nichtbehinderter Kinder. Darüber hinaus ergab sich aus dem relativ hohen Anteil mehrfach und verschiedenartig behinderter Kinder aus dem Klientel des Kinderzentrums München die Notwendigkeit, dieser Modellschule eine Schule für lernbehinderte und eine Schule für geistig behinderte Kinder zur Seite zu stellen, so daß die Schulen des Kinderzentrums München heute so etwas wie ein kooperatives Sonderschulsystem darstellen, in dem auch intelligente, selbst hochintelligente Kinder erfolgreich unterrichtet werden.

Die Angliederung einer Schule für geistig behinderte Kinder bzw. für lernbehinderte Kinder hatte keine spezifischen sonderpädagogischen Gründe in dem Sinne, daß in der einen Schule eine spezielle „Lernbehindertenpädagogik" und in der anderen eine spezielle „Geistigbehindertenpädagogik" praktiziert werden sollte, sondern hatte ihren Grund letztlich in den bayerischen Sonderschulgesetzen und in den Notwendigkeiten, die sich aus den Rückständen der Sozialentwicklung der Kinder ergaben.

Kinder mit einer sozialen Behinderung, etwa den Krankheitserscheinungen einer Soziose – mit den Hauptsymptomen Aggression, Provokation und soziale Apathie und den Vorstadien Distanzlosigkeit, Überängstlichkeit und pathologische Trotzigkeit – benötigen mehr pädagogische Zuwendung von einem Lehrer, als dies in einem Klassenverband von 20 bis 25 Kindern möglich war. Aus diesem Grunde mußten für diese Kinder – unabhängig von ihrer körperlichen, geistigen oder sozialen Behinderung – kleinere Klassen eingerichtet werden. Diese Möglichkeit ließ sich aufgrund der bayerischen Sonderschulgesetze nur verwirklichen, wenn neben der Modellschule offiziell eine Schule für geistig behinderte Kinder (Klassenstärke 6 bis 7 Kinder) oder eine Schule für lernbehinderte Kinder (Klassenstärke 12 bis 14 Kinder) eingerichtet wurde.

In der Schule selbst lassen sich diese drei Schultypen nicht voneinander unterscheiden, denn die Klassen liegen direkt nebeneinander und die Integration zwischen diesen Klassen wird sowohl durch ständige Hospitationen der Kinder während des Unterrichts als auch durch die enge Zusammenarbeit des gesamten Lehrkörpers bewirkt. Außerdem haben die Sonderschulen für geistig behinderte Kinder bzw. für lernbehinderte Kinder einen ausgesprochen heilpädagogischen Auftrag in dem Sinne, die Kinder so zu fördern, daß sie nach Möglichkeit nicht die Laufbahn eines geistig behinderten oder eines lernbehinderten Kindes durchlaufen. Die **Hauptindikation für die Einweisung in einen bestimmten Schultyp** bzw. in eine bestimmte Klasse eines Schultypes ergibt sich aus der Notwendigkeit der pädagogischen Zuwendung, also auch der Sozialentwicklung. Dies führt bei vielen Eltern wegen der Erfahrungen im Regelschulsystem zu Schwierigkeiten und Ablehnung dagegen, daß ihr an sich intelligentes Kind infolge seiner sozialen Behinderung für ein oder zwei Jahre in einer „Schule für geistig behinderte Kinder" gefördert werden soll oder eine Klasse für lernbehinderte Kinder besuchen muß. Es bedarf erheblicher Überzeugungskunst, um die Eltern zur Zustimmung zu bringen, die oftmals erst erreicht wird, wenn schwere negative Erfahrungen bei ihren Kindern im Regelschulsystem vorliegen. Die Bevorzugung der Sozialentwicklung im pädagogischen Alltag hat sich im Rahmen der integrierten Erziehung aber hervorragend bewährt.

So ist es im Laufe der Jahre selbstverständlich geworden, daß ein Kind, dessen Laufbahn als geistig behindertes Kind begann (und auch als solches pädagogisch diagnostiziert von anderen Schulen in unsere Schule überwiesen wurde), über die Lernbehindertenschule und die Modellklasse am Ende der Schulzeit einen normalen Hauptschulabschluß erreichte.

Umgekehrt hat es sich nicht selten als notwendig erwiesen, daß Kinder ohne Schädigung oder Behinderung, aber mit erheblichen Störungen in ihrer Sozialentwicklung wegen aggressiven oder provokativen Verhaltens aus den Modellklassen vorübergehend in eine Klasse für „geistig behinderte" Kinder aufgenommen werden mußten, um dort eine verstärkte pädagogische Zuwendung zu erfahren, bis sie schließlich normalisiert wieder in die Klasse der Modellschule eingegliedert werden konnten.

Vorteile für nichtbehinderte Kinder

Integrative Erziehung behinderter und nichtbehinderter Kinder hat sich auch als erfolgreich für die nichtbehinderten Kinder erwiesen. Nach der Vorstellung, daß jedes Helfen die Selbständigkeitsentwicklung eines Kindes fördert, hat sich gezeigt, daß nichtbehinderte Kinder während des Unterrichts nicht selten spontan die Rolle eines Hilfslehrers übernommen haben, wodurch über das soziale Engagement auch ihre kognitiven Leistungen erheblich verbessert wurden.

So ist es sicher kein Zufall, daß ein mathematisch allerdings besonders begabtes Kind, welches vier Jahre lang unsere Grundschule besuchte, im Jahre 1983 die Europäische Jugend-Mathematik-Olympiade in Paris mit einer Goldmedaille gewann. Dieser Junge beherrschte bereits am Ende des zweiten Schuljahres das gesamte Mathematikpensum der bayerischen Grundschulen, weshalb die Lehrerin ihm für die weiteren Grundschuljahre die für Lehrer geschriebenen Lehrbücher zum Durcharbeiten überließ. Mit diesem mathematischen Vorsprung wechselte er auf die Oberschule.

Jedes Jahr findet am Ende des vierten Schuljahres eine Umstrukturierung der Klassen statt in dem Sinne, daß die intelligenten Kinder in das Gymnasium überwechseln. Hierzu müssen sie eine Aufnahmeprüfung in fremden Schulen mit fremden Lehrern bestehen; aber praktisch hat noch nie ein Kind in dieser Prüfung versagt und, soweit sich bis jetzt übersehen läßt, reichte die im Rahmen der integrierten Erziehung der Grundschule gewonnene Entwicklung zur Selbständigkeit aus, auch im Gymnasium die dort gestellten Aufgaben selbständig zu erledigen.

In dieser Hinsicht sind offensichtlich die aus integrierter Erziehung entlassenen intelligenten Kinder ihren vergleichbaren Mitschülern aus den Regelschulen eindeutig überlegen. In der Hilfe für behinderte Kinder haben sie gelernt, selbständig zu arbeiten, ein Erlebnis, das in Regelschulen mit altersgleichen und leistungsgleichen Klassen praktisch nicht erfahren wird.

Vorteile für behinderte Kinder

Die Erfolge, die durch die Integration behinderter mit nichtbehinderten Kindern erzielt wurden, lassen sich nicht nur messen an Kindern, die nach vier Grundschuljahren in das normale Oberschulsystem überwechseln, sondern sind auch zu erkennen an den behinderten Kindern, vor allem den geistig- und lernbehinderten Kindern, die

nunmehr nach 8 bzw. 9 Jahren Unterricht im Rahmen der integrierten Erziehung die Schule verlassen haben:
– Von 17 bei der Einschulung als geistig behindert eingestuften Kindern erreichten 8 Jahre später 2 Kinder einen Hauptschulabschluß, 7 einen Lernbehindertenabschluß, und nur 8 blieben bei einem Abschluß für geistig behinderte Kinder;
– von 16 bei der Einschulung als lernbehindert eingestuften Kindern erreichten 8 einen normalen Hauptschulabschluß, und 8 blieben bei einem Lernbehindertenabschluß;
– von 5 bei der Einschulung als erziehungsschwierig eingestuften Kindern erreichten 4 einen normalen Hauptschulabschluß, 1 Kind einen Lernbehindertenabschluß.

Diese Erfolge wurden dadurch erhärtet, daß sowohl die Beurteilung bei der Einschulung als auch der Abschlußprüfung von fremden pädagogischen Institutionen vorgenommen wurde.

Diese ausgezeichneten Erfahrungen wurden im Rahmen der integrierten Erziehung nicht zuletzt auf der Basis der Montessori-Pädagogik und -Heilpädagogik gewonnen.

Schlußbemerkungen

Es kann aufgrund unserer derzeitigen Erkenntnisse nicht entschieden werden, ob ähnliche Erfolge mit so extremer integrierter Erziehung behinderter und von Behinderung bedrohter Kinder, also auch Integration blinder, schwer hörgeschädigter, schwer körperbehinderter und geistig behinderter Kinder, auch mit anderen pädagogischen Methoden als der Montessori-Pädagogik möglich sind.

Im Vorschulbereich haben wir den Eindruck gewonnen, daß auch in anderen pädagogischen Systemen eine erfolgreiche Integration möglich ist. So haben wir aus dem Klientel der Ambulanz des Kinderzentrums München in 10 Jahren über 500 geistig behinderte Kinder im ganzen Bundesgebiet in normale Kindergärten integrieren können. Hierzu mußte nicht selten die Erzieherin durch unmittelbare Anschauung des Modells in München erst eine Ermunterung erhalten. Die eigene Erfahrung dieser Erzieherinnen war dann fast regelmäßig so gut, daß sich die weitere Aufnahme geistig behinderter Kinder beinahe von selbst erledigte.

Die persönliche Einstellung des Pädagogen zum wie auch immer behinderten Kind ist ein entscheidender Schlüssel zum Gelingen oder Nichtgelingen einer Integration. Hierin liegt offenbar eine wichtige Voraussetzung dafür, ob integrierte Erziehung möglich ist oder nicht.

Eine weitere Erfahrung betrifft den Einsatz von Sonderpädagogen.

Es hat sich als ausgesprochen fördernd erwiesen, sonderpädagogische Erfahrungen in die Montessori-Pädagogik einfließen zu lassen, die ja von sich aus keine Behindertenpädagogik darstellt, wohl aber Elemente enthält, welche im Rahmen der Heil- und Sonderpädagogik nutzbar gemacht werden können.

Die **Kooperation von Sonderpädagogen mit Nicht-Sonderpädagogen** und das permanente Gespräch am einzelnen Kind haben zu einem Erfahrungsaustausch geführt, welcher die Integration in unseren Schulen in jeder Hinsicht verstärkt hat. So ist es wohl zu verstehen, daß wir nach Beendigung der ersten Hauptschulklassen in der Schule für geistig und für lernbehinderte Kinder Ergebnisse erzielen konnten, wie sie bis jetzt in unserem Lande nicht beschrieben wurden.

Abschließend sei bemerkt, daß einer Integration behinderter Kinder in das normale Regelschulsystem unsere Sonderschulgesetze eindeutig entgegenstehen. Mir als Kinderarzt erscheint es heute zweifelhaft, ob Pädagogen als Staatsangestellte überhaupt in der Lage sind, gegen die bestehenden Sonderschulgesetze eine solche Integration systematisch zu verwirklichen, solange die Gesetze nicht geändert werden.

Die Montessori-Schulen des Kinderzentrums München mit der ältesten und am weitestgehenden integrierten Erziehung in der Bundesrepublik Deutschland sind nach wie vor als Versuchs- und Modellschulen eingestuft, weshalb es bisher nicht möglich war, selbst in Bayern eine ähnliche Integrationsschule in einer anderen Stadt zu errichten. Sie sind, wie der bayerische Staatsminister für Unterricht und Kultus kürzlich erneut feststellte, immerhin aber „ein Farbtupfer in der pädagogischen Landschaft Bayerns".

So erscheint es sinnvoll, darüber nachzudenken, ob und wie lange wir im Interesse unserer Kinder, und zwar behinderter und nichtbehinderter Kinder, die in den Sonderschulgesetzen festgelegte Segregation in dem bestehenden Ausmaß noch weiter verantworten können. Alle international bekannt gewordenen großen Untersuchungen haben nämlich gezeigt, daß **behinderte Kinder in Behindertenschulen in ihrer Behinderung verstärkt werden** und daß nichtbehinderte Kinder in dem derzeitig stattfindenden „Leistungswettkampf" ihrer Schule die für das Leben notwendigen sozialen Lernprozesse nicht erfahren.

25 Jahre dauernde Erfahrungen mit Integration behinderter und nichtbehinderter Kinder im Kinderzentrum München weisen darauf hin, daß es notwendig ist, hier neue Wege zu gehen, die nicht zuletzt der Entwicklung unserer Kinder zugute kommen.

19

Literatur:

Aurin, M., Aufbau des ersten Montessori-Kinderhauses mit integrierter Erziehung gesunder, mehrfach und verschiedenartig behinderter Kinder, in: Hellbrügge, Th. (Hrsg.), Klinische Sozialpädiatrie – ein Lehrbuch der Entwicklungs-Rehabilitation im Kindesalter, Berlin – Heidelberg – New York 1981

Hellbrügge, Th., Soziale Pädiatrie, in: Keller/Wiskott, Lehrbuch der Kinderheilkunde, 4. Aufl., Stuttgart 1977, S. 415-416

Hellbrügge, Th., Münchener Funktionelle Entwicklungsdiagnostik. – Erstes Lebensjahr. Band 4 der Fortschr. der Sozialpädiatrie, München – Berlin – Wien 1978.

Hellbrügge, Th., Kindliche Sozialisation und Sozialentwicklung. Fortschr. der Sozialpädiatrie, Band 2, München – Berlin – Wien 1975

Hellbrügge, Th., Unser Montessori-Modell. – Erfahrungen mit einem neuen Kindergarten und einer neuen Schule, München 1977

Hellbrügge, Th., „Soziose" – ein etho-pathologischer Begriff einer sozialen Krankheit im Kindesalter, Acta paedopsychiat. 47, (1981), S. 99-107

Hellbrügge, Th. (Hrsg.), Klinische Sozialpädiatrie. Ein Lehrbuch der Entwicklungs-Rehabilitation im Kindesalter, Berlin – Heidelberg – New York 1981

Hellbrügge, Th./Montessori, M., Die Montessori-Pädagogik und das behinderte Kind, München 1978

Schamberger, R., Frühtherapie bei geistig behinderten Säuglingen und Kleinkindern. Untersuchungen bei Kindern mit Down-Syndrom, Weinheim – Basel 1978

Schmid-Giovannini, S., Sprich mit mir, Berlin 1976

Harald Ludwig

Montessori-Pädagogik und Interkulturelle Erziehung

1. Das Problem ausländischer Kinder im deutschen Bildungswesen als Herausforderung und Chance

In Deutschland leben zur Zeit über 5 Millionen Ausländer, unter ihnen weit mehr als 1 Million ausländische Kinder und Jugendliche unter 18 Jahren. Über 70% von ihnen kommen aus sechs Hauptherkunftsländern: Türkei, ehemaliges Jugoslawien, Italien, Griechenland, Spanien, Portugal. In den letzten Jahren ist die Zahl der Asylsuchenden aus verschiedenen Herkunftsländern erheblich angestiegen. Durch diese gesellschaftliche Entwicklung sind für das deutsche Bildungswesen neue Aufgaben entstanden, die von der Pädagogik in Theorie und Praxis aufgegriffen werden müssen. Insbesondere die „Ausländerpädagogik" oder „Interkulturelle Pädagogik" bemüht sich um tragfähige und praktikable Lösungen. Über einzelne Nothilfemaßnahmen für ausländische Kinder hinausgehend sucht man nach pädagogischen Konzepten, die nicht nur eine Förderung und Integration ausländischer Kinder ermöglichen, sondern auch einer besseren Förderung deutscher Kinder dienlich sind. (In diesem Zusammenhang ist auch auf die Probleme der Aussiedlerkinder hinzuweisen, die zahlreiche Parallelen zur Situation von Ausländerkindern aufweisen, aber auch Unterschiede.)

2. Interkulturelle Erziehung als Aufgabe des deutschen Bildungswesens

Gegenüber ausländischen Kindern hat das deutsche Bildungssystem dieselbe interdependente Doppelaufgabe wahrzunehmen wie bei deutschen Kindern: Hilfe zu leisten bei der personalen Entfaltung des einzelnen und seiner Vorbereitung auf ein selbstverantwortliches Leben in der Gesellschaft. Besonderheiten ergeben sich aus der Lebenssituation der ausländischen Kinder, in der sich insbesondere bei den Migranten- und Asylantenkindern kulturelle und soziale Probleme verschränken.
Eine Lösung der sich in diesem Zusammenhang stellenden Aufgaben

sollte angesichts der zunehmenden Integration Europas und des Zusammenwachsens aller Länder dieser Erde im Rahmen einer „interkulturellen Erziehung" angestrebt werden. Dieses Konzept wendet sich nicht nur an die Kinder der Minorität, sondern auch an die der Majorität. Interkulturelle Erziehung kann mindestens drei Hauptzielrichtungen verfolgen: 1. Verständnis für die jeweilige kulturelle Andersartigkeit und damit zugleich für die Besonderheit (und Relativität) der eigenen Kultur wecken; 2. Kulturelle Gemeinsamkeiten betonen und bewußt machen; 3. Strukturen allgemeinmenschlicher Personalität fördern, die allen kulturellen Besonderheiten noch vorausliegen. Gemeinsamer Orientierungspunkt ist das Bestreben, zum Entstehen eines dialogischen Verhältnisses der Kulturen der Welt beizutragen.

Die Pädagogik Maria Montessoris verdient in diesem Zusammenhang besondere Aufmerksamkeit. Denn Montessori hat infolge ihrer kosmopolitischen Existenz und menschheitsbezogenen Weltsicht diese uns heute bewußt gewordenen Aufgaben schon früh gesehen und in ihr pädagogisches Denken aufzunehmen versucht, vor allem in ihrem Spätwerk. Es kommt hinzu, daß sich die Montessori-Pädagogik in jahrzehntelanger Praxis weltweit in unterschiedlichen Kulturen und Gesellschaften, in Industriestaaten und Entwicklungsländern als erfolgreich erwiesen hat.

3. Montessori-Pädagogik und Grundlegung interkultureller Erziehung

Die Pädagogik Maria Montessoris beruht auf einer unversalistischen, transkulturellen Anthropologie. Ihr Ausgangspunkt sind nicht kulturelle Besonderheiten, sondern allgemein-menschliche Potentialitäten. Von ihrem Ansatz her ist sie vergleichbar mit den universalistischen Theorien von J. Piaget und L. Kohlberg. Auch diese Theorien beruhen auf der Annahme einer allen kulturellen Besonderheiten noch vorausliegenden universalen Struktur der menschlichen Entwicklung und folgern daraus als Erziehungsaufgabe die Stimulierung und Förderung dieser kulturunabhängigen Entwicklungsrichtung. In diesem Rahmen scheint die Grundlegung einer interkulturellen Erziehung möglich. In ihrem Konzept einer „Kosmischen Erziehung" hat Montessori eine umfassende Perspektive für diese Aufgabe entwickelt, eng verknüpft auch mit ihren friedenspädagogischen Vorstellungen.

4. Pädagogische und didaktische Prinzipien und Formen der Montessori-Pädagogik in der Perspektive interkultureller Erziehung

Schul- und unterrichtsorganisatorisch erfordert das Konzept der interkulturellen Erziehung eine möglichst frühzeitige Eingliederung ausländischer Kinder in die deutsche Regelklasse. Angesichts der Heterogenität der Entwicklungs- und Lernvoraussetzungen ist dafür eine Unterrichtsstruktur erforderlich, die eine radikale Individualisierung ermöglicht, ohne die sozialerzieherische und sozialintegrative Zielsetzung zu gefährden. Ein solches Konzept liegt in der Gestalt der Montessori-Freiarbeit vor. Es handelt sich um eine Unterrichtsstruktur, die vom einzelnen Kind her konzipiert ist und nicht – ausgehend vom Klassenblock – nachträglich Individualisierungselemente erhält.

An Einzelaspekten in interkultureller Perspektive sind hervorzuheben:

– **Altersmischung** (didaktische und erzieherische Fruchtbarkeit des Bildungsgefälles);
– **Entverbalisierung** und **Versinnlichung** des Lernens;
– **Sprachförderung** (u. a. Möglichkeiten für die Förderung einer Begriffs- und Fachsprache in konkreten Zusammenhängen);
– Begünstigung **Intrinsischer Motivation**;
– **Pädagogische Leistungsbewertung** (stärkere Ausrichtung an der Sache selbst und am individuellen Lernfortschritt);
– **Sozialerziehung** und **Integration** (die sozialerzieherische und sozialintegrative Wirkung der Freiarbeit läßt sich gut belegen);
– **Freisetzung des Lehrers für individuelle Hilfe** (und Beobachtung des Kindes);
– **Leistungsförderung** und **Chancengerechtigkeit** (die flexible Struktur der Freiarbeit ermöglicht die angemessene Förderung sowohl lernschwacher, benachteiligter Kinder als auch lernstarker, hochbegabter Kinder in einer gemeinsamen Lerngruppe);
– **Elternarbeit** (enge Verbindung von Eltern und Schule);
– **Schulleben** (Feste, Feiern, Wanderungen, Ausstellungen, Theateraufführungen u. ä.);
– **Schwierigkeiten** (manche Kinder, vor allem viele ausländische Kinder, können Schwierigkeiten haben, sich auf die freieren Lernformen der Montessori-Freiarbeit einzustellen; Eltern mißverstehen die Montessori-Schule als „Spielschule").

5. Weitere Anregungen der Montessori-Pädagogik für eine interkulturelle Erziehung

Manches von dem, was unter Punkt 4 zur Montessori-Freiarbeit in der Schule gesagt wurde, gilt auch für die vorschulische Erziehung (Kontinuitätsgedanke Montessoris!), aber es ergeben sich darüber hinaus zusätzliche Aspekte (z. B. Übungen des praktischen Lebens, Bewegungsübungen). Entsprechendes gilt von Montessoris Sekundarschulkonzeption einer „Erfahrungsschule des sozialen Lernens" (Kontinuität und Wandel!). Ansatzpunkte könnten z. B. Montessoris Vorschläge für Exkursionen und Projekte bieten (als Ergänzung bzw. Weiterführung des handelnden Umgangs mit didaktischem Material!). Im Rahmen ihres Konzeptes einer „Kosmischen Erziehung" entwirft Montessori ein ökologisch orientiertes Curriculum, das zugleich interkulturell ausgerichtet ist und als integrierende Achse für die gesamte schulische Arbeit fungiert. Interessante Aspekte könnten auch ihre Vorstellungen für eine allgemeine religiöse Erziehung bieten. Weiterentwicklungen und Ergänzungen der Montessori-Pädagogik in interkultureller Perspektive erscheinen möglich und nötig. Teilweise werden sie bereits praktiziert.

6. Montessori-Praxis und interkulturelle Erziehung

Für Einzelheiten hierzu sei auf zwei Aufsätze verwiesen:

Ludwig, H., Ausländerkinder an Montessori-Schulen – Bericht über eine Umfrage und Eindrücke bei Schulbesuchen, in: Katholische Bildung 86 (1985), S. 394-402; ferner in: Ausländerkinder – Forum für Schule und Sozialpädagogik Heft 24/1985, S. 71-84

Ludwig, H., Montessori-Freiarbeit mit Ausländerkinder konkret – Aus der Praxis einer Montessori-Grundschule, in: Sachunterricht und Mathematik in der Primarstufe (SMP) 14 (1986), Heft 10, S. 385-392

7. Weitere Literatur zum Thema

Ludwig, H., Anregungen zur Ausländerpädagogik: Montessori-Pädagogik und Ausländerkinder, in: Welt des Kindes 61 (1983), H. 4, S. 303-311

Ludwig, H., Montessori-Pädagogik und interkulturelle Erziehung, in: Montessori-Werkbrief 23 (1985), H. 1/2, S. 34-41

Ludwig, H., Anregungen der Montessori-Pädagogik zur Gestaltung des Grundschulunterrichts mit deutschen und ausländischen Kindern, in: Sachunterricht und Mathematik in der Primarstufe (SMP) 14 (1986), Heft 6, S. 230-236

Ludwig, H., „Kosmische Erziehung" – Zum Ansatz einer ökologisch orientierten Schulpädagogik und Didaktik bei Maria Montessori, in: Pädagogische Rundschau 46 (1992), S. 389-406

Rupert Vierlinger

Plädoyer für eine gemeinsame Schule der 10- bis 14jährigen

1. Problemaufriß: Sortierung der Kinder oder Variation der Methoden

„Selbst wenn wir tausend Kinder und einen Schulpalast hätten, würde ich meinen, es sei immer ratsam, Kinder eines Altersunterschiedes von drei Jahren beisammen zu haben", sagt Maria Montessori (Oswald, P./Schulz-Benesch, G., Freiburg 1987 8, S. 95) und weist auf eine ganze Reihe von Bereicherungen der pädagogischen Palette hin: Die alterspezifischen Verhaltensauffälligkeiten, mit denen sich Gleichaltrige gegenseitig induzieren, werden gedämpft. Der Anregungsreichtum, der das Lernen voneinander fördert, wird so groß wie in der Kinderstube der Familie. Das Denken der älteren Kinder ist dem der jüngeren noch sehr nahe, so daß sie ihnen zum „Begreifen" verhelfen, während wir deren Intelligenz kaum zu erreichen wissen. Das ältere Kind fühlt sich als Beschützer des jüngeren, während es in der Gruppe der Gleichaltrigen leicht zu Rivalitäten kommt.

Die „Philosophie" der überkommenen Schule hat sich der gegenteiligen Denkform verschrieben. Wohl kann es auch ihr nicht verborgen bleiben, daß Kinder schon verschieden sind, wenn sie geboren werden, und noch verschiedener sind, wenn sie in die Schule kommen. Aber die „Verschiedenartigkeit der Köpfe" (Herbart) ist ihr ein Dorn im Auge, weil sie meint, die Homogenität sei die unabdingbare Basis für effektives Unterrichten. In der Grundschule begnügt sie sich – zumindest seit der Abschaffung von gymnasium-eigenen Vorschulen – wenigstens mit der Sortierung nach Alter, indem sie die Kinder in Jahrgangsklassen einteilt. Ab dem 10. Jahr aber scheint es ihr dringend geboten, die Schüler nach Leistung zu sortieren. Mehrere Modelle stehen zur Verfügung, deren Verfechter sich zwar zum Teil heftig bekämpfen, die aber im Grunde dem gleichen Prinzip huldigen: Kinder müssen so lange sortiert werden, bis sie in vorgefaßte methodische Schemata passen. Die Treppenstufen der Schulorganisation in der Sekundarstufe I lauten dann etwa: Gymnasium – Realschule – Hauptschule (vgl. Bayern), Gymnasium – Hauptschule Erster Zug – Hauptschule Zweiter Zug (in Österreich bis 1985), Gymnasium – Hauptschule mit fachspezifischen Leistungskursen (Österreichs Neue

Hauptschule), und auch das von der konservativen Schulpolitik angefeindete Modell der fälschlich „integriert" bezeichneten Gesamtschule ist nach demselben Muster gestrickt: In den sogenannten Leistungsfächern werden die Kinder in drei oder vier Sets geschieden (vgl. das FEGA-System: Fortgeschrittenen-Kurse, Erweiterungs-, Grund- und Anschlußkurse).

Vor den als gleich angesehenen fachspezifischen oder fachübergreifenden Gruppierungen (Sets oder Streams) wird dann ein Unterricht „gelandet", der seinerseits vier Gleichheiten aufweist: Die Gleichheit des Inhalts, der Weise, der Zeit und des Tempos. Als Alibi dient der schwächste Spruch, der vom großen Comenius überliefert ist und der seine Verhaftetheit im barocken Ordnungsdenken verrät: „Methodus nostra ingeniis mediocribus adapta est." die Methode sei also „den mittelmäßigen Geistern angepaßt", weil sie in der Mehrzahl sind und auch das eigentliche Ideal der Menschheit darstellen, denn sie sind gleich weit vom Überfluß und Mangel entfernt (Comenius, A., zit. n. Blättner, F., 1963, S. 66).

Als plakatives Beispiel für diesen Unterricht nach dem Mittelmaß sei das am Beginn vieler Rechenstunden übliche Kopfrechnen benannt: „Denk dir eine Zahl", heißt es dann, weil sie doch später durch Subtraktion wieder herausmanipuliert werden kann, oder es wird von einer fix vorgegebenen Zahl ausgegangen. Es folgen zahlreiche Operationen, und schließlich soll das Ergebnis genannt werden. Hält sich der Lehrer in der Tat an ein fiktives Mittelmaß – was unter solchen Umständen notgedrungen zu fordern ist –, werden die tüchtigen Rechner zumindest innerlich unruhig werden, weil sie doch zwischendurch einige Zeit untätig „versitzen" müssen. Die Schwachen, die vielleicht schon bei einer der ersten Operationen „hinausgefallen" sind, haben keine Chance mehr, den Anschluß wieder zu gewinnen. So sie noch nicht abgestumpft sind, bangen sie mit fiebrigem Kopf der Frage nach dem Ergebnis entgegen und hoffen, ihre „Leermeldung" vertuschen zu können. Im Laufe des Jahres sammelt sich nicht nur ein gehöriges Maß von Frustration an, sondern auch ein ansehnliches Quantum an verlorener Unterrichtszeit, einer Zeit, die sie eigentlich mit dem Anspruch eingebracht hätten, Hilfe zu bekommen, um auf ihrem Lernweg voranzuschreiten.

Das methodische Schema kann in die Metapher des Kegelns gekleidet werden: Der Kegler zielt auf die Mitte und hofft, daß die Kugel auch möglichst die Ränder streift. Aber selbst bei neun Kegeln ist das schon sehr selten der Fall; wie dann erst bei 25 K…

Wie schmal die nach diesem methodischen Zuschnitt geschlagene Schneise normalerweise ist, sei mit einem Protokollauszug aus einer Unterrichtsbeobachtung in der Hauptschule belegt:

Im Gegenstand „Geometrisches Zeichnen" sollte folgender Würfelschnitt zu Papier gebracht werden:

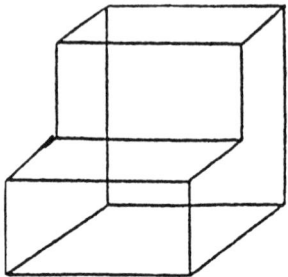

Der Lehrer brachte für diesen wie auch für den unversehrten Würfel, der in der letzten Stunde zu zeichnen gelernt worden war, je ein dreidimensionales Drahtgestell mit. Einleitend wies er darauf hin, daß der Würfelschnitt das Thema der heutigen Stunde sei und daß man hierfür vom ganzen Würfel auszugehen habe. Er begann daher, an der Tafel mit Lineal und Dreieck den Würfel zu zeichnen, und die Schüler taten es ihm auf ihren Blättern gleich. In der Zwischenzeit ging ich zu den mir am nächsten sitzenden Schülern und ließ mir in meinen Notizblock skizzieren, wie die neue Figur (zweidimensional gezeichnet) aussehen würde. Vier Schüler vermochten eine korrekte Skizze anzufertigen, zwei hatten keine Ahnung, einer machte folgenden „guten" Fehler.

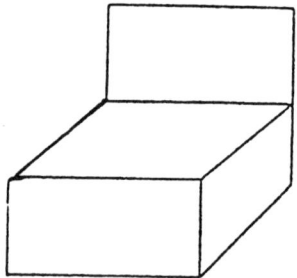

Er befand sich sozusagen auf dem Weg zum richtigen Durchschauen, aber die geistige Linse war noch ein wenig trüb – oder besser: Das geistige Konstrukt war der Realität noch nicht voll angemessen.
Mittlerweile war der Lehrer mit dem Würfel fertig geworden und hatte die Schüler aufgefordert, ihre Arbeit zu unterbrechen. Er nahm das Drahtgestell, das für den angeschnittenen Würfel stand, wendete und drehte es, gab durchaus einige kluge Hinweise auf die zu beob-

achtenden Linien und fuhr die durch den Schnitt entstandenen Kanten nach. Dann forderte er die Schüler auf, es an der Tafel zu probieren. Die vier erfolgreichen Skizzierer von oben meldeten sich und ihre gleich tüchtigen Mitschüler auch. So entstanden an der Tafel eine ganze Reihe mehr oder minder sorgfältiger Bilder vom Würfelschnitt. „Kennt ihr euch aus?" wurde gefragt. Wenn die vier Erfolgreichen aus der Pilotstudie repräsentativ für die ganze Klasse waren, dann haben – auch wenn nichts hinzugelernt worden ist – mindestens vier Siebtel mit „Ja"! geantwortet. Mehr als die Hälfte lautstark zustimmender Schüler einer Klasse macht den Lehrer normalerweise selbstzufrieden... Unser Lehrer wandte sich daher auch wieder zur Tafel, um den Würfelschnitt gut sichtbar vorzuzeichnen.

Ich wandte mich neuerdings an die drei mit den mageren Ergebnissen von vorhin. Der Schüler mit dem „guten" Fehler war gefördert worden und skizzierte nun den korrekten Würfelschnitt. Die beiden anderen wußten von sich aus noch immer keine Lösung und mußten sich auf das bloße Abmalen des Tafelbildes verlassen.

Der Lehrer muß sich fragen lassen, welchen Sinn die Stunde für die vier Schüler und ihre gleich begabten Mitschüler hatte, die sich von vornherein ausgekannt hatten. Gleich peinlich ist die Sinnfrage, insbesondere auch im Hinblick auf die zwei und ihre „Kommilitonen", die sich vorher wie nachher nicht ausgekannt haben, an denen das von ihm gewählte methodische Modell also spurlos vorübergegangen ist (Vierlinger, R., 1993, S. 24-25).

Die alternative Vorgangsweise dreht ganz einfach das Verhältnis um: Nicht die Kinder sollen so lange sortiert werden, bis sie auf vorgefaßte Methoden passen, vielmehr werden die Methoden so vielfältig variiert, daß die verschiedenartigen Kinder zu ihrem je passenden Anteil kommen. Bei vordergründiger Betrachtung mag dieses Ansinnen leichtes Entsetzen auslösen: Soll sich der Lehrer vielleicht gar psychologisch-diagnostisch auf den Weg machen, bevor er ans Unterrichten gehen kann, damit er für die verschiedenen Schülerpersönlichkeiten das je geeignete Angebot zurechtlegen könne? Mitnichten! Unterricht von diesem individuellen Zuschnitt ist konzipierbar, selbst wenn der Lehrer die Klasse das erste Mal vor sich sieht.

Das obgenannte Kopfrechnen kann er beispielsweise auf folgende Art inszenieren: Er zeichnet eine Matrix an die Tafel (oder hat sie als Overheadfolie vorbereitet). Über die Spalten schreibt er die einzelnen Operationen und schließlich „Ergebnis". In die Zeilen trägt er die Ausgangszahlen ein, und zwar von ganz einfachen bis zu schwierigen, vielleicht sogar Dezimal- und Bruchzahlen, damit auch die besonders Talentierten ihr „Futter" finden. Die Schüler rechnen nach ihrem völlig individuellen Tempo im Kopf und notieren das jeweilige Endergebnis. Der Lehrer hat sich von der primitiven Tätigkeit des Proviantmeisters (einfache Rechnungen vorsagen…) frei gemacht, für die er ohnehin zu gut ausgebildet ist, und begibt sich zu einzelnen Kindern, um ihnen zu helfen. Das sind auch die Gelegenheiten, um Kindern ein persönliches Wort zu sagen, weil sie etwa unter der drohenden Scheidung der Eltern leiden etc… Vor allem aber kann er einem Schwachen ein wenig auf die Sprünge helfen, so daß dieser das eine oder andere Endergebnis erzielt. Wenn dann die Besten mit dem letzten Beispiel fertig sind, werden die Antworten abgerufen. Der Lehrer beginnt bei dem, dem er heute zu einem kleinen Erfolg hat verhelfen können…, und die anderen erfahren den bislang „Abgestempelten" als einen, der auch etwas kann. Gleich werden die Schüler nie, auch deswegen nicht, weil sich der Lehrer zwischendurch ja immer auch den Besten zuwendet, um ihrem Höhenflug noch mehr „Aufwind" zu verschaffen. Er akzeptiert die Verschiedenheit und bejaht sie! Das ist vielleicht überhaupt das fundamental Neue an der inneren Differenzierung und ihre Grundvoraussetzung! Die Schule kann die Kinder nie gleich machen; wenn sie es je wollte oder noch will, war und ist sie tyrannisch!

Der Lehrer, der den e i n e n Würfelschnitt offeriert hat, hätte einige Drahtgestelle mehr löten können: Einfachere (ein halber Würfel) und schwierigere (Stiegenformen etc.), so daß sich jeder nach seiner Fasson hätte erproben können. Weniger Mühe würde es machen, wenn jeder Schüler aus seinem Plastilinwürfel von vornherein diejenige Figur herausschnitte, von der er meint, sie zeichnerisch in die Zweidimensionalität rückführen zu können…

Viele Gegenstände differenzieren von selbst, also ohne besonderes Zutun des Lehrers. Was jeder dem Lehrervortrag entnimmt, wird so verschieden sein wie bei Vorträgen in der Erwachsenenbildung auch. Was einer zum Projekt beiträgt oder was er als Werkstück abliefert, wird von der sehr unterschiedlichen individuellen Kapazität diktiert. Die sprachlichen Kreationen tragen so gut die Handschrift jedes einzelnen wie die Beiträge zur Interpretation der von anderen produzierten Literatur, und das Unterrichtsgespräch lebt geradezu von der Vielfalt der Ideen…

Eine Einschränkung freilich gibt es: Wenn ein Werk prinzipiell und ausschließlich kollektiv zu bewerkstelligen ist und seine Güte auf möglichst gleiche Qualität jedes einzelnen Beitrags angewiesen ist, müssen die Kooperierenden möglichst gleich sein. Ein Schülerchor kann den schwachen Sänger nicht brauchen – den Brummer schon gar nicht – und eine Turnriege nicht den Lahmen. Aber für welche Leistungsbereiche der Schule gilt dies noch? Beinahe überall sonst geht es bei aller Zusammenarbeit darum, daß der einzelne für sich ein Problem löst, seinen Ausdruck findet und ureigene Einsichten gewinnt – beim Rechnen, beim Aufsatz, in den Sprachen und in der Religion...

Eine weitere Einschränkung würde sehr ernst zu nehmen sein, wenn sie in der Tat bestünde: Wenn es nämlich zuträfe, daß die heterogene Zusammensetzung der Schüler den besonders Talentierten zum Schaden gereichte!

Dutzende, vielleicht sogar Hunderte von Untersuchungen sind weltweit durchgeführt worden, um die Frage zu beantworten, ob dem Leistungsfortschritt homogene oder heterogene Gruppierungen förderlicher seien. Passow spricht geradezu von einem „Irrgarten der Forschung". Manche Ergebnisse sprechen der einen Form einige wenige Prozentpunkte bessere Ergebnisse zu, manche der anderen, die meisten finden keine signifikanten Unterschiede (vgl. Haller, H.D., 1971, S. 175-196; Yates, A., 1972; Herber, H. / Kainz, R. / Vierlinger, R., 1978, S. 11.35; Wragg, E.G., 1990).

Als eine der jüngsten Untersuchungen sei die Vergleichsstudie zitiert, zu der Jürgen Baumert durch den „Mauerfall" 1989 angeregt worden ist. Er hat die 16jährigen der ehemaligen DDR und des ehemaligen Westdeutschlands im Hinblick auf ihre Schulleistungen miteinander verglichen. Es handelte sich also auf der einen Seite um Absolventen der 10jährigen „Einheitsschule" und auf der anderen um die Absolventen eines gegliederten Schulsystems (Gymnasium, Realschule, Hauptschule). Im Gros fand er keinen Unterschied, wohl aber hatten die Schwächeren im Osten Vorteile gegenüber denen im Westen (von den anregenden Vorbildern, die ihnen nicht entzogen worden waren, wird noch zu reden sein). (Baumert, H.J., 1993).

Hätte ich kognitive Leistungsdefizite befürchten müssen, hätte ich meine damals 10jährige Tochter nicht in die voll integrierte Übungsgesamtschule gegeben, die ich mit meinen Mitarbeitern 1973 an der Pädagogischen Akademie der Diözese Linz als Übungsschule für die neu etablierte Hauptschullehrerausbildung gegründet habe. So aber habe ich diese Möglichkeit begrüßt, weil sie eine gesamtmenschliche Bereicherung hat erwarten lassen, vor allem auf dem Gebiete der Sozialerziehung.

Die Eltern, die für diesen inselhaften Versuch gewonnen werden mußten, wurden gefragt, was bei den Zehnjährigen geändert werden sollte, wenn die Situation der Grundschule als Maß genommen würde. In ihr hat im Grunde eine Lehrerin alle Gegenstände unterrichtet, und das vor allen Kindern: den zukünftigen Auszeichnungsabiturienten und den zukünftigen Hilfsarbeitern. Die Eltern haben Fachlehrer gefordert; nicht zu viele am Anfang, aber doch, weil die eine Lehrkraft nicht der Polyhistor sein kann, um die mittlerweile gut entfalteten Neugierden von der Musik bis zur Leibeserziehung und von der Geschichte bis zur Fremdsprache gleich gut zu befriedigen… Wenn sich der einzelne Fachlehrer nun aber auf seine wenigen Gegenstände konzentrieren könne, dann möge er in diesen das tun, was die Grundschullehrerin in allen Gegenständen zustandegebracht hat: sie für verschiedenartige Kinder aufbereiten. In diesen Bemühungen haben Übungsschullehrer und Didaktiker der Akademie miteinander gewetteifert, ihres Zeichens Hauptschullehrer und Gymnasiallehrer; Pioniere für das, was 20 Jahre später in zwei Wiener Gemeindebezirken und im Schulverbund Graz/West allmählich Breitenwirkung erfährt. Meine Tochter Lydia und ihre Freundin Manuela, die dann später das Oberstufenrealgymnasium mit nur sehr guten Noten abgeschlossen haben, haben sich eines grenzdebilen Mitschülers angenommen und haben ihn zum Erwerb des Basiswissens gebracht…

Seit Kuhn (Kuhn, Th. S., 1967) ist es üblich geworden, die Änderungen der Konzepte, mit denen die Menschheit und insbesondere ihre Wissenschaftler die Welt zu fassen und zu deuten versuchen, als Paradigmenwechsel zu bezeichnen. Man denke an die Kopernikanische Wende, an den Wechsel von der monarchistischen zur demokratischen Staatsauffassung oder in unseren Jahrzehnten an das Bemühen, das technologisch-ökonomische Denken durch das ökologische abzulösen. In ähnlicher Weise schickt sich das schulpädagogische Denken an, vom methodisch-didaktischen Paradigma des Comenius auf das der Maria Montessori hinüberzuwechseln: Schüler müssen nicht mehr homogenisiert werden, damit ihnen der methodische Gleichschritt getrommelt werden kann; sie dürfen in der Verschiedenartigkeit zusammenleben, weil sich die Lehrer auf die Kunst der inneren, der methodischen Differenzierung besinnen. Sie wird das Stigma der kommenden Schule sein, vielleicht sogar nicht nur in der Pflichtschulzeit, von der hier die Rede ist.

2. Die Auswirkungen der Homogenität versus Heterogenität auf die Beteiligten am Schulgeschehen

2.1 Die Situation der Schüler im traditionellen System

Jedes Schulsystem mit vertikaler Gliederung gleicht einem mehrstufigen Wasserfall mit einem ständigen Sog nach unten. Wer sollte in solch einem System mit Funktionslust schwimmen können? Funktionslust ist nicht nur ein Charakteristikum jedes „ernsthaften" Spiels, sie ist auch ein höchst triebstarker Motor für gelingendes Lernen! Sowie aber im Katarakt die Angst die Funktionslust verdrängt und das Schwimmen vereitelt, so wird im gestuften Schulsystem durch die Angst das Lernen beeinträchtigt. In der Untersuchung von Strittmatter hat 1977 nahezu die Hälfte der Schüler (48 Prozent) angegeben, beim Frühstück unter Appetitlosigkeit zu leiden. Etwa gleich viele (46 Prozent) machen sich oft Sorgen darüber, ob sie denn versetzt werden. Mehr als ein Viertel (27 Prozent) haben keine Hoffnung, selbst bei größter Anstrengung, ihre Noten verbessern zu können. 40 Prozent glauben, sie könnten in der Schule besser sein, wenn sie nicht so viel Angst hätten (Strittmatter, P., 1977). Der hohe Angstpegel unserer Schüler wird auch in einer Anfang der 80er Jahre an über 11 000 Schülern durchgeführten Untersuchung von Helmke und Fend bestätigt: Ein Drittel spricht von Magen- und Bauchschmerzen vor Prüfungen, weil sie doch über Niederlage oder Aufstieg entscheiden, und 48,7 Prozent sagen, daß ihnen vor der Rückgabe der Prüfungsarbeiten manchmal „übel" würde (Fend, H./Helmke, A., 1983, S. 21).

Wenn Leistung immer im Hinblick darauf gezeigt und getestet werden muß, ob der Verbleib in einer bestimmten Schultype, in einem bestimmten Kursniveau gesichert ist, verkehrt sich das Klima des Miteinanders tendenziell in das des Rivalisierens und des Wettbewerbs. Der Österreicher Fritz Redl, der in den USA als erfolgreicher Leiter von Heimen für Schwererziehbare von sich reden gemacht hat, wirft dem Klima des feindseligen Wettbewerbs vor, daß „dasjenige Kind" belohnt wird, „das über jedermann, der sich mit ihm zu messen sucht, ungerührt hinweggeht. Beschämung trifft dasjenige Kind, das lieber eine schlechte Note bekommen möchte, als sich seinem besten Kameraden gegenüber besser zu fühlen als er". Dieses Klima verwandelt das Klassenzimmer in einen „Hunderennplatz". Diejenigen, die im aggressiven Wettbewerb zufällig die letzten sind, werden „zu sozial Ausgestoßenen", und diejenigen, „die sich nun einmal leicht in vorderster Linie behaupten und zehnmal mehr Lob erhalten, als ihre Anstrengung verdient, werden zu Snobs" (Redl, F. 1971, S. 186). Die Kritiker an den sozial-technologischen Instrumentarien des Wettbewerbs und des Rivalisierens können sich bereits auf Rousseau berufen, der es „seltsam" genannt hat, „daß man in der Erziehung auf keine anderen Mittel verfallen ist als auf Wettbewerb, Eifersucht, Neid…, also auf die gefährlichsten Leidenschaften, die am schnellsten emporschießen und die Seele verderben" (Rousseau, J. J., zit. n. Flitner, A., 1982, S. 36). Rousseau hatte bei seiner Philippika gegen den übertriebenen Wettbewerb unter anderem auch die Jesuitenschule seiner Zeit im Auge, die in deren „ratio studiorum" aus

1599 geradezu einen Kult des Rivalisierens institutionalisiert hatte: Jeder Schüler hatte seinen Aemulus, seinen Wettbewerber oder Rivalen. Wurde er aufgerufen, hatte gleichzeitig auch dieser aufzustehen und mit Argusaugen auf die Blößen des Kontrahenten zu schauen. Stockte dieser oder war die Antwort falsch, hatte er seine Chance wahrzunehmen und ihn „aus dem Sattel zu werfen" (Jenzer, C., 1991, S. 122-123). – Wir haben keine Ursache, uns darüber sonderlich zu ereifern, so lange auf unserer methodischen „Staatsstraße Nr. 1", dem Frageunterricht, doch auch ständig die Hände der vielen oben sind und mit neuer Anbiederung schnipseln, sobald der Nachbar die falsche Antwort gegeben hat (vgl. Lambrich, H. J., 1987, S. 168).

Einem Gipfelpunkt solch antisozialen Hasardierens bin ich in einem dritten Leistungskurs begegnet. Daß man Divisionen und Brüche umwandeln kann, war gelernt worden, und nun folgte die Übungsphase: Paarweise, wie sie an den Tischen saßen, mußten sie aufstehen. Die Lehrerin gab eine Division vor. Wer die Antwort, also den Bruch, am schnellsten sagen konnte, durfte sich setzen. Alsbald schienen relativ große Zahlen als Divisoren auf, die als Nenner eines Bruches komplizierte Sprachgebilde darstellten. Eins dividiert durch zweihundertfünfundsiebzig war eben ein „Zweihundertfünfundsiebzigstel". Sehr bald wurde somit nicht mehr das rechnerische Verständnis, ja nicht einmal mehr die Rechenfertigkeit geübt, sondern in völlig unvalider Prüfungsmanier die Zungenfertigkeit. Jeder „Gang" löste schallendes Gelächter bei den Mitschülern und Verlegenheit beim Besiegten aus. Um der „Gerechtigkeit" willen mußten alle Kinder drankommen, so daß für dieses „Turnier" sehr viel Zeit aufgewendet wurde.

Was hatte doch das System der Leistungskurse in dieser Situation für groteske Formen angenommen. Die in den vorgegebenen Zäunen befangene Junglehrerin hatte im Grunde nur die von der Organisationsform nahegelegte Sequenz weitergespielt: Im ersten Leistungskurs werden schwierige Aufgaben gestellt. Die Kontrolle trennt die Spreu vom Weizen. Wer als Spreu in den zweiten Kurs gekommen ist, hat nun die Chance, Weizen zu sein, freilich von mittlerer Qualität. Warum soll im dritten Kurs nicht analog verfahren werden? Der Wettbewerb sorgt außerdem für Kindgemäßheit…

Wann und in welchem Kettenglied dieser Sortierungsmaschinerie wird der Lehrer angeregt, seine Richterfunktion mit der des Helfers zu vertauschen? Wann wird ihm die rhetorische Frage an das Kind, ob ich dir einen Sachverhalt klar machen kann, wichtiger als die Frage, ob du es kannst? (Vierlinger, R., 1978)

Wen wundert es, daß diejenigen, auf die ständig ein scharfer Scheinwerferkegel der Abwertung gerichtet ist, von den Mitschülern nicht mehr für wert befunden werden, daß man mit ihnen verkehre? Nichts anderes hat die Untersuchung von Rothschedl an 3369 oberösterreichischen Hauptschülern gebracht: Diejenigen, die in allen drei Hauptgegenständen im dritten Leistungskurs „gestrandet" sind, werden von den anderen extrem abgelehnt (Rothschedl, E., 1991). Nun kann aber niemand ohne Anerkennung leben. Es ist daher verständlich, wenn sich Leidensgenossen zusammentun und sich auf Merkmale besinnen, die unabhängig sind von sogenannter Leistung. Unter anderem bieten sich hierfür auch Chiffren wie Volk und Rasse an, denen man angehört (vgl. Knubberts, A., 1994, S. 22). Wenn dann die rowdyhaften Bekenntnisse – zumindest in der Clique und bei ihren Sympathisanten – auch noch Anerkennung bringen und das Geltungsbedürfnis befriedigen, ist der Weg zu Mölln und Solingen nicht mehr weit (Strafrichter bestätigen uns, daß die Täter gehäuft aus der Szene negativer Schulkarrieren kommen).

Wir brauchen eine neue Allgemeinbildung, bei der sich das „Allgemein" weniger auf den Konsens über die Inhalte zu beziehen hat als auf die Allgemeinheit der Adressaten! Bildung ist nicht mehr ein Privileg für wenige und hat auch nicht mehr bloß ein Angebot für viele zu sein, sondern ist eine Notwendigkeit für alle, und das nicht nur für die einzelnen als Individuen, sondern vor allem auch für die Gesellschaft als Ganzes. Wenn die Stimme jedes einzelnen mit gleichem Gewicht über die Geschicke unseres Staates mitentscheidet, sind wir darauf angewiesen, daß jeder ein möglichst verständiger Richter der Politik sei: Die drängenden Probleme unserer Zeit von der Neuverteilung der Arbeit bis zu den Fragen der Ökologie und vom kritischen Umgang mit den Medien bis zur Haltung gegenüber den Fremden können nur bewältigt werden, wenn die Jugend zum Miteinander, zur gegenseitigen Achtung und zum Verständnis füreinander erzogen wird und nicht zur Ab- und Ausgrenzung. Was man lernen soll, um es zu tun, kann man aber nach einem Wort von Aristoteles nur lernen, indem man es tut! Wir brauchen daher ein Schulsystem, dessen Weichen auf Integration und Kooperation gestellt sind! In den Zeiten des Taylorismus' im Wirtschaftsbereich haben sich die Verteidiger des Wettbewerbsystems in der Schule darauf berufen, daß die Schule doch auf das Leben vorzubereiten hat und das Leben sei nun einmal ein einziger Wettbewerb. Abgesehen davon, daß das „Leben" doch wohl mehr ist als das Wirtschaftsleben, ist dieses Argument auch deswegen unstimmig geworden, weil die moderne Wirtschaftswelt unserer Schule mittlerweile den Vorwurf macht, daß sie Einzelkämpfer erzieht und die Teamfähigkeit vernachlässigt, die eine Voraussetzung für die Einführung der Unternehmensstrategie der sogenannten „lean production" ist.

Daß das Rivalisieren zur anthropologischen Ausstattung gehöre, also eine Grundgegebenheit des menschlichen Triebhaushaltes sei, ist ebenfalls kein brauchbares Argument, um die Institutionalisierung des permanenten gegenseitigen Ausstechens zu rechtfertigen. „Wenn dem so wäre", heißt es in A. Kellys neuer Sicht auf die schulische Bildung, „dann hätte ein vergleichbares Argument von seiten derer, die meinen, daß das Verhalten der Menschen primär motiviert sei durch Sexualität und Aggression, einige sehr interessante Konsequenzen für die Curriculum-Planung (Kelly, A. V., 1981, S. 35).

2.2 Die Bedeutung des Vorbildes für die lernschwachen Schüler

Nichts Großes geschieht ohne Leidenschaft, hat Friedrich Hegel einmal gesagt. Im Hinblick auf das vielleicht bedeutsamste Lerngesetz könnte der Satz pädagogisch gewendet werden auf: „Nichts Großes geschieht ohne Vorbild!" Das behavioristisch instrumentierte Reiz-Reaktions-Lernen hat die Schule wie gebannt auf positive und negative Verstärkungen blicken lassen, die durchaus ihre Wirkung haben, die aber doch die Bedeutung der mitreißenden „Gestik" des Identifikationsobjektes haben aus dem Auge verlieren lassen. Lehren und Lernen im Modell des Feedback – technologisch, funktionalistisch wie die Steuerung in Regelkreisen – drängt das Unterrichtsgeschehen aus dem Dialogischen ins Mechanistische und hat eine gewisse Affinität mit den Prozessen bürokratischer Regulierung. Es scheint, daß die Übersteigerung und Perfektionierung der schulischen Sortierungsmaschinerie und die Hochblüte des industriellen Fortschrittswahns in einem geistigen Zusammenhang gestanden haben. Die vorbildlichen Pädagogen von Maria Montessori bis Celestin Freinet und von Kurt Hahn bis Hartmut von Hentig haben schon immer anders gedacht! Sie haben das Kind zuerst als Person mit einem starken oder gar unbändigen Bedürfnis nach sozialer Identifikation gesehen und nicht als „Bauer" (vergleiche die „pawns" bei De Charms, R., 1973, S. 60-78) auf dem Schachbrett der Erziehung, wenn nicht das Schaltbrett die noch treffendere Metapher für solches Denken in dieser Tradition ist.
Es ist das Verdienst von Urie Bronfenbrenner, schon sehr früh zur Umkehr gemahnt zu haben, indem er auf die Wiederentdeckung des Vorbildes in der sozialpsychologischen Forschung der USA aufmerksam gemacht hat: „Kinder lernen, indem sie andere beobachten. Das Verhalten der anderen ist ansteckend. In deutlicher Abhebung zur behavioristischen Lerntheorie steht die Erkenntnis, daß Nachahmung ihre Belohnung in sich trägt... Das Kind übernimmt die

Handlungsweisen des Vorbildes ohne ausdrücklichen Anreiz oder Zwang. Es bedarf keiner Süßigkeiten, keines aufmunternden Lächelns oder Nickens, keiner Unannehmlichkeit und keines Schocks, um es anzuspornen. Wäre Verstärkung unerläßlich, so würde das Kind wohl nie die Unzahl komplexer und unterschiedlicher Aufgaben erlernen, die ein sozialisierter Erwachsener in unserer Gesellschaft beherrschen muß... Beim Vorbild-Lernen muß man nicht wie bei der direkten Verstärkung warten, bis das Kind das entsprechende Verhalten zeigt. Wenn es die Reaktion nicht zeigt, kann es nicht belohnt oder bestraft werden... Es scheint, daß man altruistische Handlungsweisen als ebenso wirksame Vorbilder einsetzen kann wie Äußerungen der Aggression und der Selbstsucht... Es müßte erst noch nachgewiesen werden, daß tugendhaftes Handeln weniger ansteckend ist als Sünde." (Bronfenbrenner, U., 1972, S. 118 und 122)

Wenn eine einfache Frau aus dem Volk ohne spezielle pädagogische Schulung möchte, daß ihr Kind etwas lernt, eine bestimmte Fertigkeit oder auch „nur" anständige Umgangsformen, trachtet sie, einen „Kumpanen" für es zu finden. Sie scheint mit Pestalozzi zu wissen, daß sich Kinder „unendlich lieber von Gleichaltrigen („peers" würden wir vielleicht heute sagen) zeigen lassen, was sie tun sollen, als vom Lehrer. – Was hingegen macht die Schulpolitik, wenn sie das ungeliebte Volk der Schwachen, der langsamer oder sonstwie behindert Lernenden zu „versorgen" hat? Sie sammelt die Gleichartigen und schottet sie – zumindest während der spezifischen Auseinandersetzung mit einschlägigen Disziplinen – geradezu hermetisch von den anderen ab, so daß sie keinen mehr neben sich haben, der elegante Lösungen von mathematischen Problemen findet, der kreative Aufsätze schreibt und an der Fremdsprache Gefallen findet. Im Lager der Zurückgebliebenen sieht sich der desinteressierte Blick des einen im desinteressierten Auge des anderen in den Spiegel, und das Ergebnis ist „null-Bock", wie es im Schülerjargon der BRD heißt. Wie sich dies gegen Ende der Pflichtschulzeit auswirkt, haben Lehramtsstudenten mit erschreckender Deutlichkeit vorgeführt bekommen: Eine Praktikantin hat im Probeunterricht die Schüler der Abschlußklasse mit Hilfe des „Klassenspiegels" aufgerufen und einen erwischt, dessen Platz leer gewesen ist. „Der kommt nicht mehr!" haben die anderen mit süffisantem Lächeln erklärt. In der Nachbesprechung hat der klassenführende Lehrer darauf hingewiesen, daß der betreffende Schüler in der Tat schon seit Wochen fehle, daß die Behörde verständigt sei und daß diese ihn demnächst von der Polizei in die Schule eskortieren lasse... Die Studenten haben eingermaßen desperat dreingesehen. Ich habe sie in der Absicht, sie zu trösten, ermuntert, sie mögen die anderen anonym niederschreiben lassen, aus welchen Motiven sie sich doch ganz anders verhielten. 14 von den 21 Schülern äußerten aber, daß sie im Grunde auch nicht mehr wollten, aber das Zeugnis für den Übertritt in den Beruf bräuchten, und schließlich ließen es die Eltern nicht zu, es dem einen gleich zu tun.

Daß die Anwesenheit von Interessierten und Leistungsfähigen die anderen mitreißt, zeigt sich beispielsweise auch in den multikulturell zusammengesetzten Klassen. Ein zentrales Ergebnis des Coleman-Reports ist, daß farbige Schüler überall dort bildungswilliger und damit auch gebildeter sind, wo sie mit einer weißen Mehrheit aus dem Mittelschichtmilieu die Klassen füllen (Coleman, J. S., u. a., 1966). In die gleiche Kerbe schlagen Untersuchungsergebnisse von Haeberlin, gemäß denen Lernbehinderte einen signifikant größeren Lernzuwachs erzielten, wenn sie in sogenannten Normalklassen integriert gewesen, als wenn sie nur mit Sonderschülern zusammen waren (Haeberlin, U. u. a., 1990). Manch gutgläubiger Verfechter des tradierten Stufungssystems meint, auf die Entlastung verweisen zu dürfen, die den Schwachen zukommt, wenn sie nicht mehr mit den Besseren zusammensein müssen. – In einer Pilotstudie habe ich gewissermaßen en passant bayerische Hauptschüler um ihre Meinung darüber gebeten, ob es Vorteile oder Nachteile brächte, noch mit den ehemaligen Mitschülern beisammenzusein, die jetzt ins Gymnasium bzw. in die Realschule gehen. In der 5. Schulstufe sagten alle 29 Kinder der befragten Klasse, daß es ihnen lieber wäre, wenn sie beisammenbleiben hätten können. „Natürlich können sie besser rechnen", heißt es in den Begründungen, „aber sie sind ein Vorbild!" „Der Martin hat mir immer so gut geholfen!" „Man kann von ihnen so ganz viel lernen!" Die 24 Schüler der befragten 7. Schulstufe waren nach der Trennung von den Realschülern ebenfalls einhellig der Meinung, daß die Trennung negativ ist. „Sie sind genauso genommen worden wie wir", meint einer und will wahrscheinlich zum Ausdruck bringen, daß die jetzigen Realschüler nicht bevorzugt worden sind. „Ich war sehr traurig; von denen hat man was lernen können!" bestätigt einer die Funktion des Vorbildlernens. Und schließlich beklagt einer den Verlust einer Freundschaft: „Ich weiß jetzt nicht mehr, wie wir uns treffen können, wenn ich Zeit habe, hat er keine Zeit und umgekehrt." Und selbst noch in der 9. Klasse, in der die Trennungen vier und zwei Jahre zurückliegen, würden es zwei Drittel anregend erleben, mit den anderen beisammen zu sein. Das restliche Drittel hat sich bis auf einen mit der Sachlage abgefunden. Der eine freilich spricht von Belastung. Bezeichnenderweise ist er ein Rückkehrer aus dem Gymnasium und muß sich möglicherweise um des Selbstschutzes willen von der abweisenden Institution abgrenzen.

2.3 Zusatzbemerkungen zur Situation begabter Schüler

In einer Gymnasialklasse mit 12/13jährigen (6. Schulstufe) sah das Ergebnis der oben genannten Befragung entschieden anders aus. Mehrheitlich bestätigten sie die Richtigkeit der Trennung: „Es wäre ein Nachteil, weil der Stoff wäre nicht so durchgenommen worden." (Die vorangegangenen Stunden waren freilich im Frage-Antwort-Geklapper abgelaufen wie in vielen Hauptschulklassen auch.) „Überhaupt das Thema wäre nichts für die anderen!" „Sie gehen nicht umsonst (will wohl sagen: absichtslos); sie wissen ja selbst, daß es nicht so schwer ist in der Hauptschule." Es gab dennoch auch zweifelnde Stellungnahmen: „Wir haben intensiver gearbeitet früher." „Vielleicht ist es ein Vorteil, wenn man hört, wie die anderen lernen." Ahnen diese Zweifler denn etwas von den Gefahren für die soziale Qualität der Schülerpersönlichkeit, die von der Selektion der Staatsbürger schon in der Kindheit ausgeht? Es ist die Zeit, in der sie noch zum Schulbesuch verpflichtet sind, in der sie im wesentlichen noch mit gleichen Lehrplänen konfrontiert werden, in der also noch keine Berufsorientierung getrennte Wege gebietet. Die gut Eingestuften lernen dabei ein Verhalten gegenüber den Schwachen, befürchtet Elisabeth Höhn, das später einmal auch „ihre Haltung gegenüber Kranken, den Schwachsinnigen oder gegenüber den im Alter Leistungsunfähigen beeinflussen" wird (Höhn, E., 1977, S. 7).
Viele der schulisch Tüchtigen werden einmal zu den sogenannten Eliten gehören. Sie werden über die Kompetenz verfügen, durch ihre wissenschaftlich kreativen Arbeiten auf den verschiedensten Kulturgebieten den Mitmenschen Heil oder Unheil zu bringen. Was benötigen sie dringender als soziale Verantwortung? Was bewahrt sie andererseits selbst besser vor der Exzentrik und Neurosenanfälligkeit, die nicht selten mit Spezialbegabungen einhergeht, als die Begegnung mit der legeren Natürlichkeit, mit der die Runden und Bulligeren das Leben meistern? (vgl. Vierlinger, R., 1993, S. 39-42)
Selbstverständlich gebietet es der Respekt vor der intellektuellen Tüchtigkeit, daß diese nicht zu schaden kommen darf. Daß dies nicht zu befürchten ist, gehört zur Weisheit seit Seneca, der die Bedeutung des neuerdings wiederentdeckten „peer tutorings" in das prägnante Wortpaar gekleidet hat: „Docendo discimus". Gut eininhalb Jahrtausende später hat Comenius die Einsicht von der Bedeutung der lehrenden Weitergabe des Gelernten für das eigene Verstehen in Worte gekleidet: „Wer in seinen Studien gut vorwärtskommen will, möge sich Schüler suchen, die er täglich lehren kann, was er gerade lernt – und müßte er sie sich mit Geld erkaufen. Denn es ist besser, man versagt sich etwas von seinen Glücksgütern, wenn man nur

Leute hat, die zuhören wollen, wenn man lehrt, das heißt selber vorwärts kommt" (Comenius, J. A., 1970 4, S. 117).

Einen sogenannten „spätberufenen" Kollegen, einen persönlichen Freund, der seine gesamte Pflichtschulzeit in einer einklassigen Volksschule verbrachte und erst anschließend über die Aufbaumittelschule zum Universitätsstudium gekommen ist, habe ich gewissermaßen gedrängt, über die Defizite seiner Schulbildung in der zweiten Hälfte der Pflichtschulzeit zu räsonieren. „Du, sei vorsichtig!" hat er warnend sozusagen den Zeigefinger erhoben. „Wohl habe ich keine Fremdsprache gelernt, und es gab Ausfälle in anderen Disziplinen. In allen Bereichen aber, die thematisiert worden sind, habe ich geradezu wie ein Berserker arbeiten müssen, denn es war den anderen ganz selbstverständlich, daß ich als ihr Vorbild zu fungieren hatte und mir bei den weithin selbständigen Ausarbeitungen von Aufgaben keine Nachlässigkeit leisten durfte." – Da ist mir ein Spruch meines zweiten Sohnes eingefallen, als sich seine Gymnasialzeit schon dem Ende zuneigte. Wohl hatte er als ein durchaus hoffnungsvoller Schüler begonnen gehabt, aber mit der Zeit war das Engagement verflacht und seine Zeugnisse strotzten von Vierern. „Könntest doch auch wieder einmal wie früher mit einer Auszeichnung nach Hause kommen!" hat seine Mutter – vom Zeugnis aufschauend – geklagt. „A Vierer ist genau richtig", hat er korrigiert: „Da braucht man nicht zu viel zu tun, und die Ferien sind doch gesichert." In derselben Zeit wurden in seiner Klasse Praktiken ruchbar wie das Aushandeln von Verträgen, welches Drittel in der kommenden Woche fehlen dürfe, welches in der zweiten und in der dritten, bis dann das erste wieder an die Reihe käme... Welch ein Boykott, welch kollektiver Protest gegen die idealistischen Präambeln der Lehrpläne und die Zielvorstellungen einerseits bei den mehrfach positiv Ausgesiebten (!) und welch ein Einsatz andererseits beim „Vorarbeiter" in der total heterogenen Schar!

Zu ähnlichen Aussagen kommen im übrigen wissenschaftliche Untersuchungen des vergangenen Jahrzehnts, die nicht mehr global nach dem Leistungsmittel in homogenen und heterogenen Verbänden gefragt, sondern die komplexen Zusammenhänge mit der Unterrichtsgestaltung in die Fragestellung miteinbezogen haben. Sowohl in Hauptschulklassen als auch an Gymnasien wurde dasselbe Phänomen festgestellt, daß es nämlich zu mehr Nivellierung kommt, je gleichartiger die Schülergruppe ist. Treiber und Weinert schreiben, daß sich die Leistungsentwicklung besserer Hauptschüler in leistungsegalisierten (also in homogenen Klassen des gestuften Systems oder auch in Leistungskursen) verschlechtern, ohne daß sich die schwächeren Mitschüler verbessern würden. „Die Schüler mit hohem Begabungsniveau werden in leistungsdivergenten (also heterogenen) Klassen besonders gefördert; dabei erzielen aber auch die schwachen Schüler mindestens gleiche Leistungen wie in konvergenten bzw. egalisierten Klassen." (Treiber, B./Weinert, F. E., 1985, S. 151) Baumert, Roeder u. a. sind von der Annahme ausgegangen, daß es am Gymnasium keinen „die Varianz der Schülerleistungen reduzierenden Unterricht" gäbe, gehört es doch zur Selbstdarstellung des Gymnasiums, für die Besten da zu sein und sie zur Hochschulreife zu führen. Ihre Untersuchung von 427 Gymnasialklassen hat diese Vermutung aber nicht bestätigt. In bis zu zwei Dritteln der untersuchten Klassen herrschte streuungsmindernder, also egalisierender – um nicht zu sagen gleichschaltender – Unterricht vor, „und das insbesondere auch in den traditionellen Hauptfächern". Disparitätsminderung und Leistungszuwachs verhalten sich aber in jeder Klasse gegenläufig: „Bei divergenzmindernder Klassenführung (zu der die vermeintliche Homogenität der Schüler nun einmal verleitet – R. V.) sinken die Testwerte im oberen Leistungsdrittel beträchtlich, ohne daß Schüler im unteren Drittel Gewinne zu verzeichnen hätten" (Baumert, J. / Roeder, P. M. / Sang, F. / Schmitz, B., o. J.).[1] Der Forderung nach innerer Differenzierung entkommt kein Unterricht, weil einige wenige Niveaus – auch wenn sie trennscharf geschieden werden könnten – niemals zufriedenstellend ausgeglichene Gruppierungen bewerkstelligen können. Wenn aber differenzierender Unterricht gegeben wird, müssen die Schüler nicht mehr getrennt werden, zumindest so lange sie – nochmals sei es betont – zum Schulbesuch verpflichtet sind und vergleichbare curriculare Programme zu absolvieren haben.

---

[1] Dieser Sachverhalt ist es wohl, der hinter den Schulerfahrungen steht, die Hermann Hesse von der „seit alters" bestehenden „tiefen Kluft" zwischen „Genie und Lehrerzunft" reden läßt. „Was sich von solchen Leuten auf Schulen zeigt, ist den Professoren von vornherein ein Greuel. Für sie sind Genies jene Schlimmen, die keinen Respekt vor ihnen haben, die mit 14 Jahren zu rauchen beginnen, mit 15 Jahren sich verlieben, mit 16 in die Kneipen gehen, welche verbotene Bücher lesen, freche Aufsätze schreiben, den Lehrer gelegentlich höhnisch fixieren und im Diarium als Aufrührer und Karzerkandidaten notiert werden. Ein Schulmeister hat lieber einige Esel als ein Genie in seiner Klasse, und genau betrachtet hat er ja recht, denn seine Aufgabe ist es nicht, extravagante Geister heranzubilden, sondern gute Lateiner, Rechner und Biedermänner." (Hesse, H., 1970 5, S. 90)

3. Die Situation der Lehrer

Ein gestuftes Schulsystem kontaminiert das Arbeitsfeld des Lehrers, verstrahlt es mit Giften, die nicht nur dem Schüler schaden, sondern auch seine pädagogische Potenz ankränkeln. Das zeigt sich beispielsweise schon beim „geborenen Lehrer" (wie erworben seine sympathische Haltung immer auch sein mag), der in einem gehobenen Kurs oder am Gymnasium unterrichtet und beim „Test" ein Kind entdeckt, das offensichtlich falsch eingestuft ist. Als begabter Lehrer fühlt er sich von den Verständnisschwierigkeiten eines Schülers anund aufgerufen. Er spürt dessen Denkwegen nach, möchte Gabelungen entdecken, wo sie zu Irrwegen geworden sind; er sinnt auf neue Zugänge, bessere Veranschaulichungen und was sonst sein methodisch-didaktisches Arsenal an Hilfsmitteln anbietet. Als Funktionär in der Hierarchie gestufter Schul- und Kurstypen versündigt er sich mit solchem Bemühen aber geradezu am System, denn dieses ist ja genau zu dem Zweck geschaffen worden, daß nicht viel Federlesens gemacht wird: Exakte Einstufung und – wenn diese fehlerhaft erfolgt ist – rechtzeitige Umstufung bzw. Aussonderung heißt die Parole! Das System provoziert den Lehrer nicht als Förderer und Helfer, sondern als Richter und (Ab-)Urteiler, es perfektioniert ihn nicht zum erfindungsreichen Lehrstrategen, sondern zum Diagnostiker und Zensor (Vierlinger, R., 1993, S. 23 ff.). „Gesellschaft, willst du den guten Lehrer erziehen", möchte man ihr zurufen (die Lehramtsprüfung beendet ja schließlich doch nur die „pränatale" Phase des Lehrerlebens), „dann stelle ihn in integrierte Systeme, die ihm die spießigen Instrumente der institutionellen Selektionen (Repetieren, Schulverweis, Abstufung) aus der Hand schlagen und ihn zum Nachdenken über individuelle Hilfsmaßnahmen drängen." Einen Alltagsbeweis für die Richtigkeit dieser Empfehlung meine ich in der „Verwandlung" der Lehrer sehen zu dürfen, die seinerzeit in die einklassigen Volksschulen geschickt worden sind. Sie waren keineswegs von vornherein ausgelesen worden. Wenn sie aber nach Jahren des Umgangs mit den nicht nur nach Leistung, sondern auch nach Alter höchst unterschiedlichen Schülern zurückkamen, handelte es sich zumeist um überdurchschnittliche Lehrer.

Zahlreich sind die Hinweise, daß die Stigmatisierung, welche die Schwächsten durch die Abstufung in die untersten Ränge erleiden, auch von den dahin beorderten Lehrern empfunden wird. Von idealistischen Ausnahmen abgesehen, möchten sie doch lieber vor Schülern unterrichten, die gute Ergebnisse garantieren.

Die verständliche Mißerfolgserwartung gegenüber den Abgestuften führt häufig dazu, daß ihnen von vornherein nichts mehr zugetraut wird: Eine von den idealistischen Ausnahmen, eine Lehrerin in fort-geschrittenen Jahren, die sich ihren 13/14jährigen sehr mütterlich zu-wendete, hatte von den Pilzen zu unterrichten. Mit Rücksicht darauf, daß die ihr Anvertrauten mit 10 keine Gymnasiasten hatten werden dürfen und daß sie auch mit 12 bei der Auswahl für die Realschule durch den Rost gefallen waren, scheute sie vor jeder vermeintlichen Überforderung zurück. Schließlich standen folgende Ratschläge für das Pilzesammeln an der Tafel: Ein Buch mitnehmen; Pilze nicht zertreten; nur bekannte Pilze sammeln; den Korb nicht vergessen; Pilze abschneiden oder herausdrehen; im Zweifelsfall Pilze überprü-fen lassen. Es zeigte sich aber, daß bei jeder Annäherung an ein ech-tes (wissenschaftliches?) Problem die Interessen der Schüler wach geworden wären: Einer wußte, daß es einen Pilz gibt, der nach 285 Tagen zum Tode führt (?). Das Statement blieb unerörtert im Raum stehen, und auch auf die folgenden Fragen der Schüler gab es keine Reaktion: „Warum dürfen Pilze nicht in den Kühlschrank gelegt wer-den, bzw. worin besteht der Zersetzungsprozeß?" „Wie erkennen die Ärzte im Spital aus dem Mageninhalt, welchen Pilz man gegessen hat?"…

Manche Gegner integrierter Systeme schützen das Alibi vor, daß für die Gruppierungsformen der Schwachen spezielle Methoden ausge-arbeitet und bereitgestellt würden. Wiederum sollen die Verdienste einiger Idealisten nicht geschmälert werden, wenngleich es auch ge-nau diese sind, die als eine der wichtigsten Bedingungen die Anwe-senheit von Schülervorbildern nennen. In vielen Fällen aber läßt sich eher ein Verfall von Methoden dingfest machen, eine Reduktion auf die als unbedingt wissensnotwendig angesehenen Merkstoffe und Daten. Nach ihren Recherchen sehen sich Brophy und Good zu der Feststellung veranlaßt, daß „Lehrer, die in Schulen mit heterogener Gruppierung vor Klassen des niedrigsten Leistungsniveaus unterrich-ten, alsbald jeden ernsthaften Versuch aufgeben, entsprechende In-halte zu vermitteln. Sie versuchen dann vielleicht, die Klasse zu un-terhalten, oder sie übernehmen die Rolle eines Aufsehers, der nur daran interessiert ist, daß der Lärm nicht zu groß wird… Diese Situa-tion gleicht dann einer totalen Unterwerfung unter Mißerfolgserwar-tungen. Es scheint nicht mehr wichtig, daß die Klasse unterrichtet wird, sondern nur noch, daß sie zufrieden ist". Brophy und Good ha-ben auch aufgelistet, daß Lehrer bei schlechten Schülern auf richtige Antworten paradoxerweise nur halb so oft lobend eingehen wie bei den guten, aber dreimal häufiger bereit sind, sie wegen falscher Ant-worten zu tadeln (Brophy, J. E./Good, T. L., 1976, S. 320 und 142).
Im Normalfall verfügt der Mensch über ein bestimmtes Quantum an Hilfeleistungskapazität. Wenn der Lehrer eine repräsentative Stich-

probe von Schülern unterrichtet – von einigen Spitzenbegabungen bis zu den paar „Schwerenötern", wie sie in jedem Sprengel und damit beispielsweise in jeder Grundschulklasse zu finden sind –, reicht sein Potential an Hilfsbereitschaft aus. Außerdem hat er immer einige Schüler zur Verfügung, die er als Mithelfer einsetzen kann. Steht er aber vor ausschließlich Hilfsbedürftigen, wird er überfordert. Dann wird es auch verständlich, wenn schon nicht verzeihlich, daß die nötige Selbstkontrolle zusammenbricht und daß aus- und abfällige Äußerungen getan werden, wie sie beispielsweise Rainer und Schratz von Lehrern gehört haben, die von ihrem Unterricht ins Konferenzzimmer zurückgekehrt waren. Einer, der aus dem dritten Leistungskurs kam, sagte beispielsweise: „I werd mi net hinsetzen und in meiner Freizeit noch Unterrichtsmaterial für die Blindgänger machen. Nutzt eh alles nix, und frech werden's a no." In ihrer Untersuchung bestätigen Rainer und Schratz im übrigen auch die oben genannte Vermutung vom methodischen Defizit, das die Schwachen hinzunehmen haben (Rainer, E./Schratz, M., 1987, S. 66).

Unter den Deformationen der Lehrerrolle, die vom gestuften System ausgehen, sind schließlich auch die Vorwirkungen auf das Klima des pädagogischen Bezugs in der Grundschule zu nennen, die von den Selektionsentscheidungen an der Schwelle zur Sekundarschule bis in die 3. Klasse hineinreichen.

4. Die Situation der Eltern

Der abschließende Blick, der sich auf die Situation der Eltern richtet, sei positiv gewendet: Was brächte ihnen eine Schulorganisation, die bei den 10jährigen die Reuse der Selektion aus dem Verkehr zieht und eine gemeinsame Schule auch in der Sekundarstufe I anbietet? Es sei hier nicht ausführlich von Fehlentscheidungen bei der Sortierung der 10jährigen gesprochen, die schon sehr früh in empirischen Untersuchungen nachgewiesen worden sind und immer rund ein Drittel der Fälle betreffen. Wohl aber sei auf die Beruhigung, geradezu auf den Frieden im Elternhaus verwiesen, der einkehrt, wenn die Eltern nicht zu früh mit Übertrittssorgen belastet werden. In der mittleren Reifezeit ist es immer noch früh genug, die schicksalhaften Weichen der Weiterbildung stellen zu müssen. Nach weiteren vier oder fünf Jahren schulischer Erprobung fällt es doch schon sehr viel leichter, sich über die Stärken und Schwächen des individuellen Auseinandersetzungsprozesses mit der Kultur ein Bild zu machen und die rechte Wahl zu treffen.

Wenn die zweite Hälfte der Pflichtschulzeit (zumindest bis zum Ende der 8. Schulstufe) in einer gemeinsamen Schule ohne jede äußere Differenzierung abgeleistet werden darf, dann braucht diese Schule keine Parallelklassen und kann in jedem Pfarrdorf bestehen, in dessen Sprengel jährlich ein wenig mehr als 20 Kinder geboren werden. Vier aufsteigende Klassen binden nach heutigen Maßstäben an die sieben bis acht Fachkräfte. Das heißt, es ist bis in die entlegenen Regionen für einen vielfältigen kulturellen Anspruch gesorgt: Es gibt Experten von den Naturwissenschaften bis zur Mathematik und von den künstlerischen Disziplinen bis zu den Fremdsprachen… Damit ist ein Chancenausgleich im grundlegenden Bildungsangebot zwischen Stadt und Land geschaffen! Alle Kinder können über die ersten Pubertätswirren hinweg im Schoß der Familie bleiben. Und daß die gröbsten Auswüchse des Fahrschüler(un-)wesens beseitigt werden, ist ebenfalls nicht zu bagatellisieren.

Die vielleicht wichtigste Mitgift solch einer Schule würde aber wohl die Befreiung des Schullebens und der je individuellen Lerngeschichte von den störenden Einsprengungen sein, die als unpädagogische Nebenwirkungen einer inhumanen Organisationsstruktur bezeichnet werden müssen. „Die Schule wird nicht als notwendiges Übel betrachtet", haben Eltern bestätigt, die mit ihren Kindern an der obgenannten integrierten Übungsschule Erfahrungen haben sammeln können. „Das Kind geht gern in die Schule und fühlt sich wohl", heißt es in einer der vielen weiteren positiven Zuschriften, die im Rahmen einer anonymen Untersuchung erbeten worden sind.

Die Umpolung der Stimmungslage, die von der Systemänderung ausgelöst werden kann, habe ich selbst einem – wie ich meine – treffenden Ausspruch meines Sohnes ablesen können. Als er 10 Jahre alt geworden war, hat es die Übungsschule für die Sekundarschüler noch nicht gegeben. Als seine jüngere Schwester, die genau zur Gründung zurechtgekommen war, mit schönen Zeugnissen nach Hause kam und er – wie wir gesehen haben – notgedrungen seine Vierer rühmte, war ihm doch nicht so ganz wohl, und er wollte die Schule der Schwester „herabwürdigen". Sie setzte sich zur Wehr und rief den Papa zu Hilfe. Als ich ihm die Zielvorstellung von Lydias Schule klar machen wollte, huschte ein Lächeln über seine Züge, und er sagte: „Brauchst es mir nicht zu erklären; ich weiß ohnehin, worin der Unterschied besteht." Und wieder an seine Schwester gewandt, setzte er fort: „Ich muß lernen, damit ich keinen Fünfer bekomme; du aber kannst lernen, weil es dich interessiert!"

Literatur:

Baumert, H.J., Vortrag vor der Kommission Schulpädagogik der Deutschen Gesellschaft für Erziehungswissenschaft, 1993

Baumert, J./Roeder, P.M./Sang, F./Schmitz, B., Leistungsentwicklung und Ausgleich von Leistungsunterschieden in Gymnasialklassen. Max Planck-Institut für Bildungsforschung, Berlin o.J.

Bronfenbrenner, U., Erziehungssysteme. Kinder in den USA und in der Sowjetunion, Stuttgart 1972

Brophy, J. E./Good, T. L., Die Lehrer-Schülerinteraktion, München 1976

Coleman, J.S. et al., Equality of Educational Opportunity, Washington D.C. 1966

Comenius, J. A., zit. n. Blättner, F., Die Methoden des Unterrichts in der Jugendschule, Weinheim 1963

Comenius, J. A., Große Didaktik, 4. Aufl. München 1970

De Charms, R., Ein schulisches Trainingsprogramm zum Erleben eigener Verursachung, in: Edelstein, W./Hopf, D. (Hrsg.), Bedingungen des Bildungsprozesses, Stuttgart 1973

Fend, H./Helmke, A., zit. n. Lukesch, H., Problemschüler in der Schulklasse, Regensburg 1983

Haeberlin, U. u. a., Integration von Lernbehinderten. Versuche, Theorien, Enttäuschungen und Hoffnungen, Bern 1990

Haller, H.D., Differenzierung als Problem und Aufgabe der Unterrichtsorganisation, in: Messner, R./Rumpf, H. (Hrsg.), Didaktische Impulse, Wien 1971

Herber, H./Kainz, R./Vierlinger, R., Eine Variation zum Thema Gesamtschule, in: Vierlinger, R. (Hrsg.), Pädagogische Intentionen, Linz 1978

Hesse, H., Unterm Rad, Frankfurt 1970[5]

Höhn, E., Der schlechte Schüler, München 1977

Jenzer, C., Die Schulklasse, Bern 1991

Kelly, A.V., Unterricht in heterogenen Gruppen, Weinheim 1981

Knubberts, A., Erziehung nach Auschwitz. Von der aktuellen Bedeutung einer an Historie orientierten Pädagogik für die gegenwärtige

Erziehung an unseren Schulen, in: Pädagogisches Forum, (März 1994) Heft 1, S. 15-23

Kuhn, Th. S., Die Struktur wissenschaftlicher Revolutionen, Frankfurt 1967

Lambrich, H. J., Schulleistung, Selbstkonzeption und Unterrichtsverhalten, Weinheim 1987

Oswald, P./Schulz-Benesch, G., Grundgedanken der Montessori-Pädagogik, 8. Aufl. Freiburg 1987

Rainer, E./Schratz, M., Unterricht vom Menschen aus. Leistungsgruppen als Reformchance oder pädagogisches Getto für lernschwache Schüler? In: Erziehung und Unterricht, (Februar 1987) Heft 2, S. 66-74

Redl, F., Erziehung schwieriger Kinder, München 1971

Rothschedl, E., Die Situation der Schüler in der Neuen Hauptschule. Unveröffentliches Manuskript, Landesschulrat für Oberösterreich, Linz 1991

Rousseau, J. J., zit. n. Flitner, A., Konrad, sprach die Frau Mama, Berlin 1982

Strittmatter, P., Schülerenquete „Streß in der Schule", Kultusministerium, Saarbrücken 1977

Treiber, B./Weinert, F. E., Gute Schulleistungen für alle? Psychologische Studien zu einer pädagogischen Hoffnung, Münster 1985

Vierlinger, R., Die offene Schule und ihre Feinde, Wien 1993

Vierlinger, R., Perspektiven einer humanen Schule, Linz 1978

Wragg, E. G., Mixed Ability Grouping, Straßburg 1990

Yates, A. (Hrsg.), Lerngruppen und Differenzierung, Weinheim 1972

Franz J. Mönks

Unterricht nach Maß – auch für begabte Schüler?

Einführung

Die nordamerikanische Gesellschaft für das hochbegabte Kind
(NAGC = National Association for Gifted Children) mit mehr als
7000 Mitgliedern veröffentlicht regelmäßig ‚Positionspapiere‘, um
zu aktuellen bildungspolitischen Themen Stellung zu nehmen. In
diesen Stellungnahmen wird ein brennendes Problem dargestellt, und
es werden Verbesserungvorschläge gemacht. Das letzte Positionspapier (Juni 1994) bezog sich auf *Differenzierung des Curriculums
und des Unterrichtens*. Es wird plädiert für ein differenziertes Unter-
richtsangebot, so daß alle Schüler ermutigt und gefördert werden. Im
besonderen wird darauf hingewiesen, daß hochbegabte Schüler mit
folgenden differenzierenden Maßnahmen am besten gefördert werden können:
> beschleunigtes Vorgehen beim Lehrstoffangebot;
> Ermöglichung von vertieften und vertiefenden Lernerfahrungen;
> anspruchsvolles Lehrstoffangebot;
> Anlegen von hohen Gütemaßstäben;
> Anbieten einer großen Variationsbreite im Hinblick auf Themen
und Unterrichtsformen.
Zentraler Punkt bei diesen Vorschlägen ist, daß der hochbegabte
Schüler *Unterricht nach Maß* erhält. Genau betrachtet, profitieren
alle Schüler von einem derartigen Lehrstoffangebot, weil alle Be-
gabungsniveaus berücksichtigt werden können. Ein derartiger Unterricht übersteigt das durchschnittlich Angebotene, was Form und In-
halt betrifft, durchweg erheblich. Derartige, auf das Individuum ausgerichtete, schulische Programme setzen eine flexible Unterrichtsgestaltung und erhöhte Einsatzbereitschaft von Lehrern voraus. Die
Frage, die hier auftaucht, ist, kann Montessori-Pädagogik den Unterricht so differenziert und gleichzeitig integrativ gestalten, daß alle
Schüler entsprechend ihren Fähigkeiten gefördert werden? Bevor wir
auf diese Frage eingehen, wollen wir uns zunächst der Frage zuwen-
den: Was ist Hochbegabung?

Was ist Hochbegabung?

Die Entwicklungspsychologie geht davon aus, daß die besten Einsichten in die Entwicklungsverläufe von Menschen durch Längsschnittstudien gewonnen werden können. In derartigen Forschungsstudien werden Kinder und Jugendliche über mehrere Jahre hinweg, oft bis ins Erwachsenenalter, in regelmäßigen Abständen im Hinblick auf Verhaltensänderung bzw. -stabilität untersucht. So können Einsichten darüber gewonnen werden, welche inneren bzw. äußeren Faktoren Einfluß auf den Menschen ausüben, z. B. auf seine Motivationen, seine Gefühle, sein Lernen, seine Leistungen oder seine Überzeugungen. Es ist geradezu erstaunlich, daß die bisher längste entwicklungspsychologische Studie im Bereich der Begabungsforschung angesiedelt ist. In der Fachliteratur wird dies bisher viel zu wenig hervorgehoben.

Der amerikanische Psychologieprofessor Lewis Terman (1877–1956) von der Stanford Universität startete im Jahre 1921 eine Längsschnittstudie, die heute noch fortdauert (gerade erschien der 6. Band dieser Studie mit dem Titel *„The Gifted Group in Later Maturity"*, Stanford: Stanford University Press, 1995). Die noch lebenden „Termiten", wie die Teilnehmer an der Studie inzwischen genannt werden, sind etwa 70 bis 80 Jahre alt.

Die Auswahl seiner Stichprobe von insgesamt 1528 Schülern (672 Mädchen und 856 Jungen) startete er mit einer Lehrerbefragung, indem er die Lehrer bat, den klügsten und jüngsten Schüler der Klasse zu benennen. Bei diesen Schülern wurde ein Gruppenintelligenztest abgenommen. Die obersten 10 % dieser Gruppe legten einen Teil des Stanford-Binet Intelligenztests ab. Im weiteren Verlauf des Auswahlverfahrens bekamen jene Schüler, die beim Teiltest einen Intelligenzquotienten (IQ) von 130 oder höher erreichten, den Gesamttest angeboten. Schließlich wurden nur die Schüler in die Forschungsstichprobe aufgenommen, die einen IQ-Wert von 135 und höher erreichten. Entgegen vielen anderslautenden Behauptungen muß dieses vierstufige Auswahlverfahren als sehr sorgfältig und zuverlässig beurteilt werden. Die Altersstreuung reichte von 3 bis 19 Jahren, die Hauptaltersgruppe war jedoch 8 bis 12 Jahre alt. Die extrem anmutende Altersstreuung von 3 bis 19 Jahren lag daran, daß auch die Geschwister der identifizierten Schüler in die Stichprobe einbezogen wurden, wenn sie sich als hochbegabt erwiesen.

Terman leitete das Forschungsprojekt bis zu seinem Tode im Jahre 1956. Seither liegt die Leitung der Längsschnittstudie in den Händen von anderen Stanfordforschern.

Wie gesagt, für Terman war eine hohe Intelligenz (IQ-Wert von 135 und höher) das einzige Kriterium für Hochbegabung. Für ihn stand fest, daß hohe Intelligenz im weiteren Verlauf des Lebens in besonderen oder gar ausgezeichneten Leistungen zum Ausdruck kommen würde, da Intelligenz biologisch festgelegt sei. Viele Forscher waren zu Anfang dieses Jahrhunderts Anhänger des „biologischen Determinismus". Diese Auffassung erwies sich zunehmend als eine irrige Annahme, je weiter die Forschung fortschritt. In steigendem Maße wurde offenkundig, daß hohe Intelligenz eine wichtige und notwendige Voraussetzung für Leistungserfolg ist, daß aber Umgebungseinflüsse und persönliche Einstellung oft entscheidenden Einfluß ausüben wie: Unterstützung und Bestätigung durch Eltern und Lehrer, Umgang mit Gleichgearteten (Peers) sowie persönlicher Anstrengungswille (Motivation). Diese empirisch gewonnenen Einsichten führten dazu, daß Terman erstmals im Jahre 1954 öffentlich eingestand, daß seine Auffassung vom „biologischen Determinismus" nicht stimme.

Heute geht wohl kaum noch ein Forscher oder Erzieher von der Annahme aus, daß das, was an geistigen Fähigkeiten im Kinde anwesend ist, sich gleichsam spontan in entsprechende Leistungen ummünzt. Vielmehr entwickelten sich Forschungsrichtungen, die die Verflechtung von Anlage und Umwelt, von potentiellen und verwirklichten Fähigkeiten näher untersuchten. Zum anderen entwickelten sich angewandte Forschungsansätze, wobei nicht ausschließlich Daten gesammelt und ausgewertet wurden (der Forschungsansatz von Terman ist kennzeichnend hierfür), sondern wobei die festgestellte Hochbegabung bei Kindern und Jugendlichen Ausgangspunkt von Maßnahmen der Begleitung und Förderung eben dieser Hochbegabten war. Soweit wir nachgehen können, war Renzulli (1978) der erste, der diesen Handlungszusammenhang herstellte.

Der amerikanische Pädagogikprofessor Joseph Renzulli kam auf Grund ausführlicher Analysen von Forschungsberichten zu Fragen über den Zusammenhang von „Begabung und Erfolg" zu der Einsicht, daß hervorragende Erfolge immer das Zusammenspiel der folgenden Persönlichkeitsmerkmale voraussetzte: überdurchschnittliche intellektuelle Fähigkeiten, Aufgabenkonzentration und Kreativität. Diese Erkenntnis bildete fortan ein Kernelement seiner anwendungsbezogenen Forschung. Für ihn und die vielen, die seiner Richtung folgen, war und ist die Begabungsfrage fortan nur dann auf dem richtigen Wege, wenn *Identifikation und Förderung* als zusammengehörig betrachtet werden. Für ihn und viele andere verlangt festgestellte Hochbegabung, daß entsprechende individuell ausgerichtete Fördermaßnahmen ergriffen werden – ein Standpunkt, der auch vom Verfasser dieses Artikels vertreten wird.

Der wichtige Ansatz Renzullis wurde von entwicklungspsychologischer Sicht aus erweitert und modifiziert (s. Mönks, 1992; Mönks & Ypenburg, 1993). Menschliche Entwicklung ist nicht „die automatische Entfaltung innerer Anlagen", wie oft angenommen wird, sondern ist dynamisch, lebenslang und vor allem das Resultat einer fortwährenden Interaktion zwischen der individuellen Art eines Menschen und seiner Umgebung, insbesondere seiner sozialen Umgebung. Dies bedeutet auch, daß Entwicklungsverläufe individuell geprägt sind, daß Entwicklungsbedürfnisse in manchen Umgebungen erschöpfend, während sie in anderen ungenügend oder sehr spärlich befriedigt werden. Das betrifft nicht nur intellektuelle Bedürfnisse. So wissen wir, daß intellektuell hochbegabte Kinder (es gibt auch besondere Begabungen in anderen Bereichen wie Kunst/Musik, Sport und im Sozialumgang) schon im frühesten Alter einen Entwicklungsvorsprung haben, indem sie große Wißbegier und Denkfähigkeit an den Tag legen, Lernhunger zeigen, oft über ein ausgezeichnetes Gedächtnis verfügen und Dinge der Umgebung gründlichst erforschen. Derartige, schon früh zutage tretende Entwicklungsbedürfnisse bedürfen einer besonderen Pflege und Aufmerksamkeit. Oft ist es jedoch nicht leicht für Eltern wie für Lehrer, die Entwicklungsbedürfnisse von Kindern richtig zu erkennen und entsprechend erzieherisch zu fördern.

Auf Grund der vorangegangenen Überlegungen umschreiben wir Hochbegabung wie folgt:

Hochbegabung als besondere (intellektuelle) Leistung ist das Resultat eines förderlichen Zusammenspiels zwischen den Persönlichkeitsmerkmalen *Kreativität, Motivation und hohen intellektuellen Fähigkeiten* und den Sozialbereichen *Familie, Schule und Freunde.* Dies wird in Abbildung 1 dargestellt.

Hochbegabung: ein interaktionales Modell.

Die in Abbildung 1 dargestellte Auffassung von Hochbegabung soll nun näher erläutert werden. Diese Auffassung ist, wie bereits gesagt, entwicklungspsychologisch fundiert.

Hohe intellektuelle Fähigkeiten bedeutet u. a.: schnelle Auffassungsgabe, gute Lernfähigkeit, hohe Gedächtnisleistungen, räumlich-abstraktes Vorstellungsvermögen und insbesondere die Fähigkeit, neuartige Anforderungen auf verschiedenen Gebieten bewältigen zu können, letzteres kann man auch umschreiben als kreative Gestaltungskraft. Diese hohe geistige Befähigung wird oft mit einem Intelligenz-

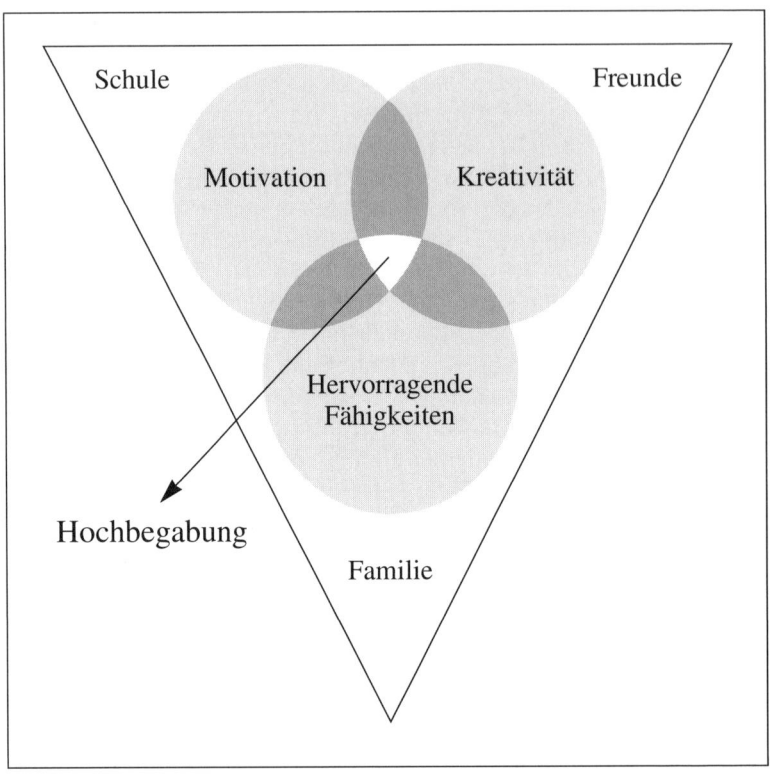

Abb. 1 Mehr-Faktoren-Modell der Hochbegabung mit den drei Persönlichkeitsmerkmalen „Hervorragende Fähigkeiten", „Motivation" und „Kreativität" und den Sozialbereichen „Familie", „Schule" und „Freundeskreis". Erst bei einem guten Zusammenspiel dieser Faktoren kann sich Hochbegabung entwickeln und zum Ausdruck kommen in besonderen Leistungen oder auffallenden Handlungen. Eine wesentliche Voraussetzung für das Gelingen des Sozialumganges ist die soziale Kompetenz.

quotienten (IQ) angedeutet. Als Untergrenze für die Qualifikation „hochbegabt" wird vielfach als globaler Richtwert ein IQ von 130 oder ein anderes Leistungsäquivalent verwandt. Dieser Richtwert ist unseres Erachtens daher global, weil die Interpretation eines Intelligenzpunktwertes von der Normierung eines Tests abhängt und von der *qualitativen Analyse* von Testwerten. Bei einer qualitativen Analyse achtet man auf die Art der Lösungssuche, auf starke und schwache Werte. So können schwache Intelligenzpunktwerte eines Leistungsversagers (underachievers) auf Grund einer qualitativen Analyse durchaus zu der Diagnose führen: „dieser Schüler ist hochbegabt", obgleich eine pure quantitative Beschreibung dies nicht erlauben würde.

Kreativität kommt in der Freude am Lösen von (neuartigen) Aufgaben, in der Erfindungsgabe, im schnellen Umdenken und im Einfallsreichtum zum Ausdruck. Herausragende Kreativität ist bereichsspezifisch, wie Gardner (1993) überzeugend dargelegt hat, aber sie äußert sich auch in der Grundfähigkeit, neue Lösungswege zu suchen und zu finden. Ganz allgemein kann man sagen, daß Kreativität Ausdruck einer Fähigkeit ist, selbständig Neues zu schaffen.

Motivation gibt menschlichem Verhalten Antrieb und Richtung. All unsere Handlungen und all unser Verhalten ist irgendwie motiviert. Wenn eine bestimmte Aufgabenmotivation im Hinblick auf eine Zielvorstellung stark genug ist, dann können Schwierigkeiten und Hindernisse überwunden werden. Mit anderen Worten, Zielsetzungen als auf die Zukunft bezogene Zeitperspektive bilden somit allgemeine und relativ stabile psychodynamische Dispositionen, die kognitiv zu konkreten Handlungsfolgen verarbeitet werden (s. Mönks u. a., 1995). Dies bedeutet wiederum, daß Unsicherheitsfaktoren in Kauf genommen werden und daß eine Risikobereitschaft besteht. Motivation hat auch eine Gefühlskomponente, die darin zum Ausdruck kommt, daß man sich zu einer bestimmten Zielsetzung angezogen fühlt, daß man mit Freude und ganzem Herzen bei der Sache ist. Und schließlich ist Motivation ein Begriff, der als Oberbegriff Anstrengungsbereitschaft und Aufgabenkonzentration miteinschließt. Im Drei-Ring-Konzept von Renzulli wird nicht über Motivation, sondern über Aufgabenkonzentration gesprochen; dies ist u. E. ein zu eng gefaßtes Motivationskonzept.

Die genannten und umschriebenen Persönlichkeitsmerkmale bilden bei einem guten Zusammenspiel grundsätzlich die *Befähigung zu besonderen oder ausgezeichneten Leistungen*. Befähigung ist jedoch noch nicht die Leistung. Dazu gehört mehr: die Umgebungsbedingungen, Eltern, Lehrer, Freunde und andere Personen müssen wohlwollend und unterstützend sein. Umgebungsfaktoren bilden wesentliche Entwicklungsbedingungen. Daher spielt in dem hier dargestellten interaktionalen Modell die Umgebung eine ebenso wichtige Rolle wie die genannten Persönlichkeitsmerkmale.

Im Leben des heranwachsenden Kindes und Jugendlichen sind es vor allem die folgenden Sozialumgebungen (soziale Netzwerke), die auf die Entwicklung einwirken: Familie, Schule, Freundeskreis. Auch die Nachbarschaft, die Verwandschaft und das ökologische Umfeld können einen wichtigen Einfluß ausüben. Es ist etwas anderes, in einer kindgerechten und kindfreundlichen Umgebung aufzuwachsen als in einer übervölkerten Großstadt oder einem Elendsviertel. In diesem

Zusammenhang sei darauf hingewiesen, daß unbestätigten Angaben zufolge viele Begabungsforscher annehmen, daß wir im Hinblick auf Hochbegabte von einer Dunkelziffer von etwa 50% ausgehen müssen. Das heißt, daß etwa die Hälfte der Hochbefähigten nicht als solche von der Umgebung erkannt und dementsprechend nicht adäquat gefördert werden. Eine solche Information ist alarmierend, weil sie einerseits deutlich macht, wie wenig wir über Hochbegabung wissen, und weil andererseits viele Menschen ihr Entwicklungspotential ungenügend oder gar nicht entwickeln können.

Die wesentliche Bedeutung für die gesunde und volle Entwicklung von Kindern und Jugendlichen, die der sozialen Umgebung obliegt, wird immer wieder in Forschungsberichten dargelegt. So kann Bloom (1985) nachweisen auf Grund der Analyse von Lebensläufen von u. a. weltbekannten Spitzensportlern und hochtalentierten Musikern, wie entscheidend Eltern und bestimmte Lehrer auf die günstige Entwicklung dieser Hochtalentierten eingewirkt haben. Anerkennung und Unterstützung von seiten der Familie und anderer Erzieher bilden gleichsam den Nährboden für Leistungsfreude und Leistungshöhe von hochbegabten Kindern und Jugendlichen.

Für die gesunde Entwicklung eines jeden Kindes, also auch des hochbegabten, ist es erforderlich, daß es Umgang mit Entwicklungsgleichen hat. Der englische Ausdruck für einen Entwicklungsgleichen ist **Peer**. Ein Peer zeichnet sich dadurch aus, daß er gleichbefähigt ist, gleiche oder ähnliche Interessen und (Freizeit) Beschäftigungen hat, kurzum, es müssen genügend Gemeinsamkeiten da sein, die gegenseitig befruchtenden Umgang und Austausch ermöglichen. Geben und Nehmen müssen sich irgendwie die Waage halten. Durch das System der Jahrgangsklassen in der Grundschule, wobei ausschließlich das Alter die Jahrgangszugehörigkeit bestimmt, ergeben sich oft für den hochbegabten Schüler erhebliche Umgangs- und Kommunikationsschwierigkeiten. Oft hat der Hochbegabte mit seinen Klassenkameraden nur das Alter und sonst nichts gemein. Der intellektuelle Peer ist oft älter als seine Klassengenossen. Der hochbegabte Schüler mit seinem Lerneifer und seiner Wißbegier wird oft nicht von seinen Mitschülern verstanden, von den Lehrern zur Ordnung gerufen, „sich normal zu verhalten", und wird somit nicht nur in der Entwicklung seiner Sozialkompetenz behindert, sondern vor allem daran gehindert, ein gesundes Selbstwertgefühl und ein persönliches Selbstbild aufzubauen. Vertikale Durchlässigkeit des Lehrstoffangebotes kann hier schon eine wichtige Entwicklungshilfe sein. Hierauf werden wir noch eingehen.

Differenzierung und Integration

Eingangs wurde auf das Positionspapier der nordamerikanischen Gesellschaft für das hochbegabte Kind hingewiesen. In dieser Veröffentlichung ist die Forderung nach differenzierten und differenzierenden unterrichtlichen Maßnahmen zentral. Die Frage, die wir anschließend stellten, war: Kann die Montessori-Pädagogik den Unterricht differenziert und gleichzeitig integrativ gestalten? In einem früheren Beitrag (s. Mönks, 1993) haben wir uns speziell mit dem Thema „Montessori-Pädagogik und Begabtenförderung" befaßt. Dabei zeigte sich, daß gerade die Montessori-Pädagogik ausgezeichnete Möglichkeiten bietet, im Rahmen des Regelunterrichtes ein individualisiertes Unterrichts- und Lehrstoffangebot zu realisieren. Das Ideal aller reformpädagogischen Bemühungen – **Unterricht nach Maß** – ist kein unerreichbares Ziel.

Die *sorgfältige Beobachtung des Schülers* gibt Aufschluß darüber, welche Interessengebiete, wie stark die Lernmotivation, wie selbständig/produktiv und wie fortgeschritten ein Schüler ist. Die so gewonnenen Einsichten helfen dem Lehrer, die Unterrichtsplanung so zu gestalten, daß der einzelne Schüler Fortschritte machen kann, die dem eigenen Leistungsniveau und dem eigenen Lerntempo entsprechen.

Hierin wird das Prinzip der *vorbereiteten Lernumgebung und der Wahlfreiheit* in die Praxis umgesetzt. Da zur Montessori-Pädagogik auch eine *vertikale Altersdurchlässigkeit* gehört, sind zum einen Mischformen des Selbststudiums und der Gruppenarbeit ohne allzu großen Organisationsaufwand möglich und ist zum anderen gewährleistet, daß Differenzierung nach Kenntnisniveau und nach Lerntempo nicht einer Integration entgegengesetzte Maßnahmen sind. Allerdings darf nicht vergessen werden, daß die Erfahrung lehrt, daß auch in der Montessori-Pädagogik nicht immer das getan wird, was das System „erlaubt" und ermöglicht. Begabtenförderung in der Regelschule erfordert volles Ausschöpfen der gebotenen unterrichtlichen und erzieherischen Möglichkeiten.

Differenzierung des Curriculums ist das Grundelement jeglicher Begabtenförderung. Differenzierung noch mal konkretisiert mit den Worten Wasers: „den Lehrplan individuell an die unterschiedlichen Begabungen und Lernvoraussetzungen anzupassen, angemessene Anforderungen zu stellen sowie Lern- und Fördermöglichkeiten bereitzuhalten. Mit anderen Worten: individuelle Lern- und Arbeitsziele; individuelle Lernprogramme; Individualisierung bezüglich des Lerntempos sowie der Lernmethode bis hin zum eigenständigen Erarbeiten von Aufgaben- und Problemstellungen" (Waser, 1992). Dort, wo dieser Katalog an Forderungen für eine differenzierte Unterrichtsgestaltung verwirklicht wird, wird auch Begabtenförderung verwirklicht.

Weiter oben sagten wir, daß die Begabtenfrage in der Schule nur dann adäquat gemeistert werden kann, wenn *Identifikation und Förderung* eine Einheit bilden. In der Montessori-Pädagogik werden hierfür die Begriffe *sorgfältige Beobachtung* des einzelnen Schülers und *vorbereitete Lernumgebung* verwandt. Die Montessori-Pädagogik ebenso wie so manch andere reformpädagogische Ansätze verfügen über die besten Voraussetzungen für eine gerechte und gezielte Begabtenförderung. Es ist nicht einzusehen, weshalb immer noch Altersgruppierung für gerechter und wichtiger erachtet wird als Fähigkeitsgruppierung – auch in der Montessori-Pädagogik. Denn – Unterricht nach Maß ist möglich!

Literatur:

Bloom, B.S. (Hrsg.), Developing Talent in Young People, New York 1985

Gardner, H., Creating Minds, New York 1993 (auch in Deutsch erschienen)

Holahan, C.K & Sears, R.R., The Gifted Group in Later Maturity, Stanford 1995

Mönks, F.J., Ein interaktionales Modell der Hochbegabung, in: E.A. Hany & H. Nickel (Hrsg.), Begabung und Hochbegabung, Bern 1992, S. 17-23

Mönks, F.J., Montessori-Pädagogik und Begabtenförderung, in: H. Haberl (Hrsg.), Montessori und die Defizite der Regelschule, Wien 1993, S. 126-138

Mönks, F.J./Bouffard, L./Lens, W., Zeitperspektive im Alter, in: A. Kruse/R. Schmitz-Scherzer (Hrsg.), Psychologie der Lebensalter, Darmstadt 1995, S. 271-281

Mönks, F.J./Ypenburg, I.H., Unser Kind ist hochbegabt, München 1993

Renzulli, J.S., What makes giftedness? Reexamining a definition. Phi Delta Kappan, 60, (1993) S. 180-184

Waser, Ch., Begabungsförderung in der Schule. Neue Zürcher Zeitung, Nr. 60, (1992), 12. März

Johannes Riedl

Leistungsbeurteilung: Reformulierung einer schulischen Aufgabe zwischen Leistungs- und Beziehungskultur

I. „Hilf mir, es selbst zu tun!"

Ein Anfangsgedanke: Karl Heinz Heckhausen hat uns eine bemerkenswerte Filmepisode über ein etwa 4jähriges Kind hinterlassen. Seine Mutter zog ihm die Schuhe an. Als der zweite Schuh übergestreift war, riß ihn das Kind mit dem Wort „Selbermachen" vom Fuß. Mit dieser Episode verrate ich meinen Zugang zum Thema Leistungsbeurteilung. Zum „Selbermachen" gehört eine andere Seite: „Hilf mir, es selbst zu tun!"

Dieses Doppelprinzip bedeutet unter anderem:

– Verschiedenheit zulassen und anerkennen als Einmaligkeit und Unverwechselbarkeit, die Lernanlässe liefert;
– den didaktischen Überschwang zurücknehmen, das didaktische „fast food" der Unterrichtshandbücher auf gestaltete Lernumwelt und Lernkultur zurücknehmen;
– die Schulbuchaktion pädagogisch neu ordnen zu einer Lernmittelaktion;
– Leistungsbeurteilung radikal reformieren, damit sie Lernen und Leistung fördert;
– Leistung entsteht durch Beziehung, Beziehung steht nicht gegen Leistung.

II. Schule als Szenario der Begegnung

Maria Montessori erkläre ich zu einer Patin für einen unvermeidbaren Paradigmenwechsel.

Beispiele für Schulparadigmen:

Struwwelpeter
Struwwelpeter lebt auf. Soll Lehrer Lembke wieder ausholen gegen ihn? Eltern tun es (80 bis 90 %) mit der „gesunden Watsche". Ermuti-

gungen zu diesem Paradigma liegen neuerdings wieder vor. – „Wir müssen lehren, wieder bitte und danke zu sagen!" – „Und schließlich soll die Schule lehren, was gut und was böse ist." (Der Standard, 14. 2. 1994, 5). Zwei Ziele, die dem Muster des Autoritarismus in der Schule entsprechen.

Autoritäre Erziehung und autoritärer Unterricht unterdrücken das Sosein von Kindern und Jugendlichen, die nicht als unvollkommene Kleinerwachsene verstanden werden dürfen, und verfehlen den Anspruch auf bedeutungsvolles, sinnvolles Lernen. – Den „Mastvorgang" des enzyklopädischen Lernens, dem „Nürnberger Trichter" genügend, hat Thomas Bernhard in seinem Roman „Alte Meister" verspottet.
Leichtfertige Zuflucht zu Zucht und Disziplin kann auch Manifestation von Alltagsfaschismus sein. „John, der Lehrstoff liegt fest. Er hat sich bewährt. Er funktioniert. Wenn **Sie** ihn in Frage stellen, was kann die Jungen daran hindern, es ebenfalls zu tun?" (sagt der Direktor). „Ich war immer der Ansicht, der Sinn der Erziehung bestehe darin, den Schüler zum eigenen Nachdenken anzuregen.", (antwortet Keating, der Lehrer). (Kleinbaum, N. H. Der Klub der toten Dichter. Bastei-Lübbe. 2. A. 1990, S. 106)

Schlaraffisierung der Kindheit

Wir sind nach Zulehner (1991) unterwegs „vom Untertan zum Freiheitskünstler". Es drohte der Absturz durch „unbezogene Selbstverwirklichung", durch den egoistischen Narzißmus, weil „solidaritätslose Freiheit keine Zukunft hat". (Zulehner 1991, S. 264-265) Pädagogisch folgt aus dieser Werteinstellung die folgenschwere „Schlaraffisierung von Kindheit und Jugend". Der Selbstbezug blüht und bewirkt Entsoldarisierung – auch in der Schule. Die Ellbogen werden spitzer.
Mit Schlaraffisierung kompensieren Eltern auch ihr Zuwendungsdefizit. Es wird mit der Alltagsetikette „Du sollst es besser haben!" verdeckt. Erziehungsverzicht und Erziehungsverlust werden zum Problem der Schule, die Bildung in der Gemeinschaft leisten muß.

Erziehungsmanufaktur

„Wie bekommt man ein braves Kind?" fragt ein tschechischer Zeichentrickfilm. Systembezogen verspottet er karikierend den Versuch der Erziehungsmanufaktur, die alle Kinder gleich und gefügig macht.

58

Die Ideologie der Machbarkeit ernährt sich über verschiedene Wurzeln, z. B. den Mythos der Gleichheit oder den Behaviorismus. Die Legierung des Mythos der Gleichheit mit jenem des Behaviorismus führt in eine pädagogische Sackgasse, an dessen Ende der Zögling zum pädagogischen Ikarus und der Erzieher zum pädagogischen Sisyphus wird.

Seit 25 Jahren läuft Schulpolitik immer wieder in die Organisationsfalle. Politiker hängen an der Schulorganisation wie an einem Fetisch, der Besseres herbeizaubern soll. Zur Zeit wird die 17. Novelle zum Schulorganisationsgesetz vorbereitet.

Erziehung durch Gegenseitigkeit – ein Paradigmenwechsel

O. Wilde schrieb eines meiner Lieblingsmärchen „Der selbstsüchtige Riese". Die Quintessenz: Ein Kind führt ihn, den autoritären Macher, durch eine Metamorphose zu einem fürsorglichen Begleiter. Ein Kind bekehrt ihn.

E. Spranger beschreibt Erziehung als Gestaltung durch Liebe. M. Buber überschreibt dieses Prinzip. Erziehung geschieht in gegenseitiger Liebe, die das förderliche Ja und erträgliche Nein des Erziehers ermöglicht. Aktualisierung kann vom Kinde, vom Jugendlichen oder vom Erzieher erfolgen. Das ist die Lehre des „selbstsüchtigen Riesen".

Zielt Unterricht auf Ich-, Sozial- und Sachkompetenz, so repräsentiert er neben Erziehung die andere Seite von Bildung. Heißt das nicht, an Personen und Sachen zu wachsen in Identifikation, Imitation und Widerstand, in Freude und Schmerz? – „Den Menschen stärken und die Sachen klären." (Hentig 1985)

Schule als Szenario der Begegnung

Sehnsucht nach der „kleinen Lebenswelt" und Kompensation von Familiendefiziten bis zu Verhaltensstörungen verlangen, Schule nach dem Paradigma Begegnung zu gestalten. An die Stelle der Belehrung tritt dialogische Bildung. In Erziehung durch Gegenseitigkeit aktualisieren Schüler/innen und Lehrer/innen abwechselnd einen wertbezogenen Identifikationsprozeß. Schüler/innen wachsen an Menschen und Sachen durch Imitation und Widerstand, Übertragung und Gegenübertragung, Fürsorge und Verantwortung, Engagement und Glaubwürdigkeit, Umkehrbarkeit der sprachlichen Äußerungen und Umkehrbarkeit der Argumentation. Förderliches Ja und begründetes

Nein erfolgen eingebettet in Wärme und Achtung der Person. Schule kann positives Lebensereignis sein. Dieses Szenario birgt die Chance, die Lernkultur zu erneuern, das Schulleben und partizipativen Unterricht zu gestalten.

III. Leistungsbeurteilung greift ein! Erneute Ausgangspunkte

– Der lieben Mutti!
Verzeihung, daß ich einen Fünfer bekommen habe. Ich wollte dich nicht enttäuschen, aber wenn ich die Note schon bekommen habe, muß ich Dir auch sagen, daß ich nicht nur einen Fünfer bekommen habe, auch einen Vierer. Bitte hole mich nicht jetzt, weil ich sonst weinen muß! Bitte nicht!
– Schriftliche Matura in Englisch
Polternd um 11.30 Uhr – eine Stunde vor Ende der Arbeitszeit – stürzt die Schulleiterin in den Klassenraum. Einschneidende Intervention: Unerlaubte Zettel mit Phrasen werden abgenommen.
Verkommt Leistungsbeurteilung nicht immer wieder zu einem Ritual der Macht? Wird andererseits „beurteilungsfreie Schule" nicht zum Nährboden für Anstrengungsverzicht und Leistungsverlust?
Beobachten wir nicht zunehmend Aversion gegenüber Selektion oder Begünstigung der Selektionsverweigerung – Signale für Reformbedarf? – Schüler/innen, die in der Hauptschule in Deutsch, Englisch und Mathematik in der 3. Leistungsgruppe unterrichtet werden, geraten nachweislich in schulisches Elend.
Daher überrascht nicht, wenn Hauptschulen, welche auf Leistungsgruppen verzichten, Schülerzuwachs verzeichnen. Integration prägt als Lebensprinzip nicht nur das Biotop. Muß Schule nicht als pädagogisches Biotop wachsen?

IV. Zusammenhänge

1. Funktionen und Wirkungen der Leistungsbewertung

„Bewertung ist der Vorgang, in dem Lehrer und Schüler beurteilen, ob die Ziele des Unterrichts erreicht wurden." (L.J. Cronbach)
Es ist zwischen Berichts-, Anreiz- und Berechtigungsfunktion zu unterscheiden. Zu diesen Funktionen werden Wirkungen auf Selbstkonzept und Leistungsmotivation in der Literatur beschrieben.

1.1 Berichts- und Anreizfunktion

Leistungsbeurteilung ist komplex bedingt wie die Schulleistung selbst. Sie hängt besonders zusammen mit dem Unterrichtskonzept des Lehrers und seinen Erziehungspraktiken.
Wiederholter Mißerfolg und Negativrückmeldungen führen zur Ausbildung eines negativen schulischen Selbstkonzeptes und zum Verfall der Leistungsmotivation.
Förderlich für das Selbstkonzept sind: ein individualisiernder Lehrer, der Lernzuwachs (nach individueller Bezugsnorm) besonders gewichtet, wertschätzendes Lehrerverhalten, Ermutigung und positive Rückmeldung über Schulleistung.
Wiederholter Mißerfolg, Überforderung, Unterforderung, soziale Bezugsnorm, übertriebene äußere Bekräftigung statt Selbstkontrolle verändern das Leistungsmotiv. Die Auswirkungen sind bei Erfolgszuversichtlichen und Mißerfolgsängstlichen allerdings verschieden.
Sachliche Bezugsnorm (Lernzielbezug) hat eine Wirkung an sich. Soziale Bezugsnorm fixiert den schwächeren Schüler auf Mißerfolg, beeinträchtigt die Selbstkontrolle und das Leistungsmotiv und löst Angst und Schulunlust aus. Individuelle Bezugsnorm, die den persönlichen Lernzuwachs erfaßt, vermittelt dem Schüler Erfolg und beeinflußt Selbstkonzept, Leistungsmotiv und Mitarbeit günstig. Schulangst verringert sich, und die Sozialbeziehungen zwischen den Lehrern und Schülern werden verbessert.

1.2 Berechtigungsfunktion

Schüler und Betriebe halten Notengebung für wichtig, das geltende System allerdings nur eingeschränkt für richtig. Zweifel bestehen an der Prognosefähigkeit der Schulnachricht.
Schüler erwarten von der Schulnachricht stark aufgegliederte Bewertungskategorien, für den Qualifikationsnachweis (Zeugnis) allerdings nur zusammenfassende Kategorien (bestanden, nicht bestanden).

2. Leistungsbeurteilung nach dem Schulunterrichtsgesetz

Das Gesetz betont einerseits die Zusammenarbeit zwischen Lehrern, Schülern und Erziehungsberechtigten – mit Pflege des Vertrauens, der gegenseitigen Information und Unterstützung, – schafft aber mit den Konkretisierungen, z. B. der Definition der Notenstufen, nicht die erforderlichen praktikablen Voraussetzungen. Die Verordnung zur

Leistungsbeurteilung unterscheidet zwar zwischen Informations- und Leistungsfeststellung, fixiert aber mit den ausschließlichen Bestimmungen zur Benotung einseitig. Dadurch kultiviert Schule Notengebung vor förderorientierter Rückmeldungsstrategie.

V. Neuer Wein in alte Schläuche? Verbesserungsvorschläge

„In meiner langen Lehrzeit habe ich eigentlich ununterbrochen gelernt von meinen Schülern. Sie lehrten mich einzuhalten, um zu horchen, zu fühlen, zu spüren und zu sehen. Und ich spüre, wie negativ sich Noten primär auf die Seele des Kindes und sekundär natürlich auch auf das soziale Gefüge der Klasse auswirken. Seit 3 Jahren (ohne Noten) – Vorschulklasse, 1. und 2. Schulstufe, fühle ich, um wieviel mehr Freude, Vertrauen, Sicherheit, Selbstvertrauen... die Kinder empfinden, die ohne Druck, ohne diese Spannung, sich entfalten können. Die Tatsache, daß ich nun wieder Noten geben <u>muß</u>, ist eine pädagogische Bankrotterklärung für mich. Ich trage nun wieder dazu bei, in den sogenannten schwachen Schülern ein negatives Selbstbild aufzubauen. Die Kinder mit den guten Noten lernen, sich selbst erfolgreich zu sehen, wenn es jemanden gibt, dem sie sich überlegen fühlen können. So leiste ich wiederum meinen Beitrag dazu, den Charakter zu verderben und Leistungsfreude zu zerstören, anstatt zu lehren, wie man zusammenarbeitet und aus eigenem Antrieb etwas lernt. Das macht mich wütend, hilflos und traurig zugleich." (R. R., Brief vom 21. 10. 1993)
1992 habe ich die Volksschulen Oberösterreichs ermächtigt, in der 1. und 2. Schulstufe alternative Formen der Leistungsbeurteilung einzuführen. Die Eltern werden beim ersten Klassenforum der 1. und 2. Schulstufe von den in dieser Klasse unterrichtenden Lehrer/innen über die alternativen Formen der Beurteilung informiert. Eine alternative Form kommt dann zustande, wenn zwei Drittel der anwesenden Eltern ihre Zustimmung geben.
Die Alternativen:
– Eine umfassende mündliche Information der Erziehungsberechtigten und des Kindes;
– Verbale Beschreibung;
– Ziffernbeurteilung mit verbalen Zusätzen;
– Kombination Ziffernbeurteilung und verbale Beschreibung.
Verbesserungsvorschläge zur Leistungsbeurteilung werden sich orientieren müssen an:
– der Balance der Funktionen der Leistungsbeurteilung,

- der Angemessenheit nach Adressaten (Schüler, Eltern...), Alter der Schüler, Unterrichtsfächern, Schularten,
- dem Unterschied von Rückmeldung und Aufstiegs- sowie Übertritts- bzw. Abschlußklausel,
- der Realisierbarkeit mit verfügbaren Methoden,
- der Kostbarkeit der Lebenszeit (Vermeidung unnötigen Wiederholens von Klassenstufen).

1. Zur Berichts- und Anreizfunktion

- Zeitlich angemessene, kurz- und mittelfristige, verständliche Zielformulierungen für den Schüler sowie die Unterscheidung von Kern- und Erweiterungszielen bilden die Grundlage. Dazu gehören aber auch Angaben darüber, unter welchen Bedingungen ein Lernziel erreicht sein wird.
- Bei Informationsfeststellungen erfolgt ausschließlich Selbstkontrolle des Schülers, die von der 1. Schulstufe an schrittweise eingeführt wird. Der Lehrer hat Beratungsfunktion, die sicherstellt, daß der Schüler weiteres Lernen richtig orientiert.
- Bei Leistungsfeststellungen wären Mischformen von Selbst- und Fremdkontrollen zu erproben.
- Die Informationsfeststellung gibt dem Schüler differenzierte Rückmeldungen im Sinn kriteriumsbezogener Diagnostik (Lernzielverlaufskontrolle), damit er neue Lernanstrengungen gezielt unternehmen kann. Die Bemessung der Leistung durch die Notenskala hat sekundäre Bedeutung.
- Vor Leistungsfeststellungen werden gezielte und individualisierte Übungen zur Wiederholung und Festigung gegeben.
- Zum Schulschluß werden den Schüler/innen Lernpläne übergeben, wenn sie zu einer Wiederholungsprüfung verpflichtet werden müssen. Der Schulschluß eignet sich für Projektwochen zur Wiederholung und zum „Lernen lernen".
- Eltern werden in Informationsabenden geschult, damit sie ihre Rolle und ihr Verhalten reflektieren und auf jenes der Lehrer abzustimmen lernen. Insbesondere muß der Bestrafungsmechanismus der Schulnote ausgeklinkt werden.

2. Zur Bezugsnorm der Leistungsbeurteilung

- Veränderungen der Leistungsbeurteilung müssen von der sachlichen Bezugsnorm ausgehen, also von den definierten Lernzielen, die im Unterricht angestrebt werden.

– Die sachliche Bezugsnorm sichert einen Maßstab, der den Gütekriterien für die Messung des Lernerfolges am nächsten kommt, von den Adressaten am leichtesten nachzuvollziehen ist und am ehesten sachfremde Bewertungsverfälschung ausschließt.
– Die individuelle Bezugsnorm informiert den Lernenden über seinen persönlichen Lernfortschritt.
– Die soziale Bezugsnorm eignet sich lediglich für die niveaubezogene Bildung von Leistungs- und Lerngruppen. Für Leistungsbewertung kommt sie nicht in Frage, weil die Güte der Leistungen von der Zufälligkeit der Gruppenzusammensetzungen abhängt.
– Die Anwendung der sachlichen Bezugsnorm setzt die Umschreibung von Kernzielen und die Unterscheidung von Erweiterungszielen voraus.
– Eine ziffernmäßige Notenskala wird sich auf die Erreichung der definierten Lernziele in der Zeit (Unterrichtsabschnitt, Halbjahr, Jahr) beziehen. Die qualitativen Merkmale der derzeitigen Notendefinition können unterbleiben, weil die Qualitäten in den Lernzielen selbst stecken (vgl. Taxonomie der Lernziele).

3. Zur Berechtigungsfunktion

– Berechtigende, damit qualifizierende Schulnachrichten sollten nur an den Übergängen im Schulsystem ausgestellt werden. – Bei zielorientiertem Unterricht einschließlich zielorientierter Lernkontrolle wird die Repetition einer Schulstufe zu vermeiden sein, wenn didaktische Maßnahmen (Lernpläne, Lernprojektwoche) und schulklinische Einrichtungen als flankierende Maßnahmen ausgebaut werden.
– Zur Reform der Schulnachricht werden im Sinn der „inneren Schulreform" umgehend Schulversuche einzuleiten sein. Sie sollten ein durchkomponiertes Benachrichtigungs- und Berechtigungssystem von der Grundschule bis zu Oberstufe anzielen.
– Die Schulnachricht sollte in der Grundschule gestuft eingeführt werden. Dabei könnte zwischen Informationen für Kinder und Eltern unterschieden werden. Ab der Sekundarstufe I müßte ein mehrdimensionales Zeugnis stufen- und typenspezifisch angepaßt werden.

4. Konkretisierungen

4.1 Leitlinie

– Von den Umschreibungen im Lehrplan werden die Operationalisierungen der Kern- und Erweiterungsziele für die Zeitabschnitte (Unterrichtsabschnitt, Halbjahr...) hergeleitet. Schulinterne oder schulübergreifende Arbeitsgemeinschaften erarbeiten die Lernzielliste.

– Die lernzielbezogenen Erfolge der Schüler werden entweder alternativ (erreicht – nicht erreicht) oder in mehrstufiger Skala (sehr gut erreicht, erreicht, nicht erreicht) ausgedrückt.

– Eine Klassifikation über alle Lernziele eines Zeitabschnittes kann erfolgen über eine Prozentangabe (% der Ziele erreicht) oder über eine Notenskala, die über eine Transformation erreicht werden kann. Keinesfalls sollen Kernziele und Erweiterungsziele aufaddiert werden.

– Es wird zwischen sachbezogener Rückmeldung über Lernziellisten und Aufstiegs- oder Übertrittsbescheinigungen unterschieden.

4.2 Grundschule (Volksschule, ASO 1. bis 4. Stufe)

Vorschulstufe, gemeinsame Eingangsstufe, Förderunterricht reichen als pädagogische Maßnahmen, um Repetieren zu vermeiden.
– 1. und 2. Klasse (1. Halbjahr)
Schüler: verbale Rückmeldungen
Eltern: Lernziellisten; Beschreibung des Arbeitsverhaltens und des Lernzuwachses mit Kommentar
– 2. Klasse – Jahrgangszeugnis
Schüler und Eltern:
Lernziellisten mit Noten; Beschreibung des Lernzuwachses und des Arbeitsverhaltens durch Kommentar
– 3. und 4. Klasse (1. Halbjahr)
wie 2. Klasse Jahreszeugnis
– 4. Klasse – Jahreszeugnis
wie Halbjahr 4. Klasse
Eltern zusätzlich: Gutachten zum Übertritt

4.3 Sekundarstufe I

– Die Leistungsbeurteilung erfolgt nach sachbezogener Bezugsform an Hand von Lernziellisten nach Unterrichtsabschnitten, zusätzlich gibt es Rückmeldung über Lernfortschritt und Arbeitsverhalten. Ein eigenes Semesterzeugnis entfällt.

- Negtiver Abschluß eines Unterrichtsabschnittes in Deutsch, Fremdsprachen, Mathematik, Physik, Chemie bewirkt obligatorischen Besuch eines Förderkurses.
- Wiederholungsprüfungen werden die sachbezogenen Bewertungen mit den Lernziellisten zugrunde gelegt. Ein Lernplan wird für jeden Schüler entwickelt, der Schulschluß für Lernprojektwochen genützt.

4.4 Sekundarstufe II

- Es gelten die Grundregeln der Sekundarstufe I.
- In Wahlpflichtfächern wird die lernzielbezogene Bewertung durch direkte Leistungsvorlage (z.B. über Projekte) ergänzt.
- Matura
  Die Reifeprüfung bestätigt allgemeine Hochschulreife, d.h. die Fähigkeit zur kompetenten (Ich-, Sach- und Sozialkompetenz) Auseinandersetzung auf hohem Niveau. Dieses wird in einem fachübergreifenden Prüfungsgespräch aufgewiesen, das von Spezialfragen oder von der Fachbereichsarbeit ausgeht.
  Das Ergebnis der Reifeprüfung besteht aus bewerteten Lernziellisten und beurteilten Direktvorlagen (z.B. auch aus Projektergebnissen). Die formale Hochschulberechtigung wird in einem eigenen Zeugnis ausgestellt, das lediglich das Gesamtkalkül wiedergibt.

VI. Schlußbemerkung

Leistungsbewertung betrifft nur einen Aspekt von Schule, aber einen sehr wichtigen und folgenschweren. Die Reform der Leistungsbewertung muß aus dem Gesamtzusammenhang von Unterricht erfolgen, weil sie nicht nur in Lern- und Lehrprozesse eingreift, sondern evident Bestandteil dieser Prozesse ist, aber auch die individuelle Lernbiographie beeinflußt.
Die vorgelegten Vorschläge verstehen sich als pädagogische Anregungen, die formalrechtliche Notwendigkeiten zunächst unbeachtet lassen.
Viele der Vorschläge werden auf der Grundlage einschlägiger Literatur unterbreitet, die wegen der besseren Lesbarkeit nicht angeführt wurde (siehe Literaturverzeichnis).

Ohne Reform der Leistungsbeurteilung bleibt Unterrichtsreform „neuer Wein in alten Schläuchen". Die wirkliche Reform kommt von unten. Auch für sie gilt: „Hilf mir, es selbst zu tun!"

Literatur:

Allmer, H., Selbstverantwortlichkeit und Schülerzufriedenheit nach erwarteter und unerwarteter Leistungsbewertung, in: Psychologie in Erziehung und Unterricht, (1982) 29, S. 321-327

Cronbach, L.J., Pädagogische Psychologie. Weinheim 1968

Filipp, S.-H., Entwicklung von Selbstkonzepten, in: Zeitschrift für Entwicklungspsychologie und Pädagogische Psychologie, (1980) 12, S. 105-125

Fittkau, B. u. Langer, H., Auswirkungen schriftlicher Ermutigungen unter Klassenarbeiten auf Angst und Leistungen der Schüler, in: Psychologie in Erziehung und Unterricht, (1974) 21, S. 15-21

Gehmacher, E. (Hrsg.), Die Schule im Spannungsfeld von Schülern, Eltern und Lehrern, IFES-Studie, Wien 1979

Gehmacher, E., Noten sind notwendig, in: Schulreform, (1984) 55. Sonderbeilage z. Wr. Zeitung, S. 2

Gage, N.L. u. Berliner, D.C., Pädagogische Psychologie, München 1977

Grobe, R. u. Hofer, M., Kognitiv-motivationale Korrelate von Schulnoten: Typen motivierter Schüler, in: Zeitschrift für Entwicklungspsychologie und Pädagogische Psychologie, (1983) 15, S. 292-316

Halisch, F. u. Butzkamm, J., Informationssuche und Bezugsnorm: Was will der Beurteilte, in: Jahrbuch für Empirische Erziehungswissenschaften, (1982) Düsseldorf, S. 263-302

Heckhausen, H. u. Rheinberg, F., Lernmotivation im Unterricht neu betrachtet, in: Unterrichtswissenschaft, (1982) S. 7-47

Heckhausen, H., Leistungen und Chancengleichheit, Göttingen 1974

Heckhausen, H., Förderung der Lernmotivierung und der intellektuellen Tüchtigkeiten, in: Roth, H. (Hrsg.), Begabung und Lernen. Stuttgart 1968, S. 193-228

Herber, H.-J., Vierlinger, R. u. Kainz, R., Eine Variation zum Thema

Gesamtschule, in: Vierlinger, R. (Hrsg.), Päd. Intention. Linz, (Werkstattbericht 2, 1978), S. 11-35

Herber, H.-J., Motivationstheorie und pädagogische Praxis, Stuttgart 1979

Ingenkamp, K.-H. (Hrsg.), Die Fragwürdigkeit der Zensurengebung, Weinheim 1971

Jopt, U.-J., Warum manche Schüler „faul" sind: Die attributionstheoretische Vernünftigkeit des schulischen Anstrengungsverzichts, in: Zeitschrift für Entwicklungspsychologie und Pädagogische Psychologie, (1978) 10, S. 315-327

Klauer, K.J., Bezugsnormen zur Leistungsbewertung: Begriffe, Konzepte, Empfehlungen, in: Jahrbuch für Empirische Erziehungswissenschaften, (1982) Düsseldorf, S. 21-38

Langfeldt, H.-P., Schulbezogene Motivation, Schulleistung und Schullaufbahn. in: Zeitschrift für Entwicklungspsychologie und Pädagogische Psychologie, (1983) 15, S. 157-167

Lazarus-Mainka, G. u. Brinkmann, R., Prüfungsängstlichkeit, Schulleistung und soziale Beliebtheit, in: Zeitschrift für Entwicklungspsychol. u. Päd. Psychologie, (1981) 13, S. 227-235

Mayr, Joh., Prinz, M. u. Rathwallner, R., Ein Versuch zur Verminderung von Prüfungsangst und Schulunlust durch positive Verstärkung und Reform der Leistungsbeurteilung, in: Zeitschrift für Empir. Pädagogik, (1984) 1

Mayr, J. u. Teml, H., Leistungsbeurteilung als Lernhilfe, in: Erziehung u. Unterricht, (1982) 132, S. 546-565

Mayr, J. u. Neuper, W., Persönlichkeitsmerkmale, päd. Einstellungen und Beurteilungshandeln, in: Zeitschrift für Diff. u. Diagnostische Psychologie, (1991) 12, H. 3, S. 185-192

Müller-Fohrbrodt, G. u. Dann, H.-D., Zum Problem der Notengebung: Selbstbeurteilung von Zeugnisnoten, in: Zeitschrift für Entwicklungspsychologie und Pädagogische Psychologie, (1971) 3, S. 241-252

Olechowski, R. u. Sretenovic, K. (Hrsg.), Schule ohne Angst? in: Pädagogik der Gegenwart, Wien 1983

Raberger, Joh., Die Schulleistung und ihre Beziehung zur Selbsteinschätzung des Schülers, in: Erziehung und Unterricht, (1976) 126, S. 251-259

Rheinberg, F. u. Klug, S., Innere und äußere Differenzierung, Motivation und Bezugsnorm-Orientierung, in: Jb. f. Empir. Erziehungswiss. (1978) Düsseldorf, S. 165-195

Rheinberg, F., Klug, S., Lübbermann, E. u. Landscheid, K., Beeinflussung der Leistungsbewertung im Unterricht: Motivationale Auswirkungen eines Interventionsversuchs, in: Unterrichtswiss., (1980) 8, S. 48-60

Rheinberg, F. u. Peter, R., Selbstkonzept, Ängstlichkeit und Schulunlust von Schülern: Eine Längsschnittstudie zum Einfluß des Klassenlehrers, in: Jahrbuch für Empirische Erziehungswiss. Schulleistungsbewertung, (1982) Düsseldorf, S. 143-159

Riedl, Joh. (Hrsg.), Leistungsbeurteilung konkret. Für die Schule der 10- bis 14jährigen, Linz (Werkstattbericht 3, 1980)

Schwarzer, R. u. Jerusalem, M., Selbstwertdienliche Attributionen nach Leistungsrückmeldungen, in: Zeitschrift für Entwicklungspsychologie und Pädagogische Psychologie (1982) 14, S. 47-57

Schwarzer, R., Lange, B. u. Jerusalem, M., Die Bezugsnorm des Lehrers aus der Sicht der Schüler, in: Jahrbuch für Empir. Erziehungswiss. (1982) Düsseldorf, S. 161-172

Schwarzer, R., Unterrichtsklima als Sozialisationsbedingung für Selbstkonzeptentwicklung, in: Unterrichtswiss., (1983) 11, S. 129-148

Singer, K., Schafft Zensuren ab. Das Leistungsprinzip zerstört die Leistungsfähigkeit, in: Die Zeit, (1981) 6, S. 34

Tausch, R. u. Tausch, A., Erziehungspsychologie, 8. Aufl. Göttingen 1982

Teml, H., Tendenzen zur Veränderung der Leistungsbeurteilung, in: Riedl, Joh. (Hrsg.), Leistungsbeurteilung konkret für die Schule der 10- bis 14jährigen, Linz, (Werkstattbericht 3, 1980) S. 13-45

Trudewind, C. u. Kohne, W., Bezugsnormorientierung der Lehrer und Motiventwicklung: Zusammenhänge mit Schulleistung, Intelligenz und Merkmalen der häuslichen Umwelt in der Grundschulzeit, in: Jahrbuch für Empir. Erziehungswiss. Schulleistungsbewertung, (1982) Düsseldorf, S. 115-240

Viebahn, P., „Bestanden – nicht bestanden" als Bewertungskategorien in Prüfungen, in: Psychologie in Erziehung und Unterricht, (1977) 24, S. 231-240

Viebahn, P., Schülerselbstbeurteilung in der Leistungsdiagnostik, in: Unterrichtswiss., (1982) 10, S. 59-72

Wagner, U., Bezugsnormspezifische Lehrerunterschiede im Urteil von Schülern, in: Jahrbuch für Empir. Erziehungswiss., (1982) Düsseldorf, S. 173-191

Wieczerkowski, W., Bastine, R., Fittkau, B., Nickel, H., Tausch, R. und Tewes, U., Verminderung von Angst und Neurotizismus bei Schülern durch positive Bekräftigungen von Lehrern im Schulunterricht, in: Zeitschrift für Entwicklungspsychologie und Pädagogische Psychologie, (1969) 1, S. 3-12

Wiedl, K.H., Bethge, H.-J. u. Bethge, H., Situative Veränderungen von Leistungsangst, Selbstbild und Situationsbewertung bei Anwendung von Lerntestprozeduren, in: Psychologie, Erziehung, Unterricht, (1982) 29, S. 206-211

Ilse Brunner

Accelerated Schools in Aktion:
In unserer Schule sind alle Kinder begabt.

Engagiertes Lernen

aus: Hopfenberg, Wendy S., Levin, Henry M. & Ass.: The Accelerated Schools Guide. © Jossey-Bass Inc., Publishers, 1993.

Bei der ersten Schülervollversammlung im neuen Schuljahr sitzt Danisha zwischen zwei Jungen, die leise auf sie einreden. Danisha trägt eine Brille mit dicken Gläsern, und sie hat in beiden Ohren Hörgeräte. Sie ist auch sehr klein für ihr Alter, ganze 120 cm groß. An den Hand- und Fußgelenken trägt sie Gewichte um ihre Muskeln zu stärken. Die beiden Jungen nehmen ihre Aufgabe sehr ernst. Sie erklären Danisha, was eine Schülervollversammlung ist und interpretieren, was in der Versammlung vor sich geht. Es ist das erste Mal, daß Danisha an solch einer Veranstaltung teilnimmt, denn bis zum letzten Schuljahr war sie in einer Sonderklasse.

Danisha ist jetzt in der fünften Klasse, sie hat aber noch nicht gelernt, ihren Namen zu schreiben. Das macht aber nichts, sie nimmt trotzdem am Unterricht teil. In Mathematik lernt sie ihre Zahlen und

71

sortiert Objekte. In Englisch ist sie eifrig dabei, Wörter nachzuziehen und auszumalen. Sie liebt es auch Buchstabenbilder herzustellen, indem sie von Punkt zu Punkt der vorgegebenen Buchstaben Linien zieht. In Sozialkunde hat Danisha oft einen eigenen Unterrichtsplan. Sie lernt, unabhängig durch die Schule zu gehen, Türen zu öffnen und Botschaften zu verschiedenen Lehrer/innen zu bringen. Auch im naturwissenschaftlichen Unterricht hat sie oft andere Aufgaben, als ihre Mitschüler/innen. In der letzten Woche hat sie gelernt, wie man mit einer Waschmaschine umgeht. Zur Zeit ist sie begeistert damit beschäftigt, in der Schule Wäsche zu waschen. Dabei liebt sie es, die Wäsche in verschieden farbige Haufen zu sortieren, eine Fertigkeit, die sie schon im Mathematikunterricht gelernt hat.

Danisha hat Schwierigkeiten beim Sprechen, und es ist ihr oft schwer, sich verständlich zu machen. Aber die ganze Klasse ist bemüht, Danishas Sprache zu lernen. Die Kinder hören ihr eifrig zu und ermuntern sie zu sprechen. Körperbewegungen und kurze Wörter verbinden sich zu Aussagen, die langsam den Mitschüler/innen zugänglich werden. Vor kurzem sagte Danisha zu Unterrichtsbeginn ganz aufgeregt „Papa, Papa", mit einer Handbewegung, als ob sie ihn an sich ziehen wollte. Als die Lehrerin die Aussage nicht interpretieren konnte, sagte Danishas Tischnachbarin ganz selbstverständlich: „Oh, Danishas Vater wird sie heute von der Schule abholen."[1]

In Belle Elementary School (Missouri), einer Grundschule mit 450 Schüler/innen vom Kindergarten bis zur fünften Klasse, gibt es außer Danisha noch 25 andere Kinder mit Lernstörungen und Behinderungen. Zwei Kinder sind geistig und körperlich schwerstbehindert, ein Kind hat ein Gehirntrauma, und acht Kinder sind geistig behindert. Die restlichen Kinder haben Schwierigkeiten in Englisch, Lesen und Mathematik. Bis vor drei Jahren waren die Kinder mit geistigen und körperlichen Behinderungen in einer Sonderklasse, und die Kinder mit Lernschwierigkeiten waren in verschiedenen Nachhilfeprogrammen, die sie täglich mehrere Stunden vom gemeinsamen Unterricht fernhielten.

Als Belle Elementary sich entschloß, am Accelerated-Schools-Projekt teilzunehmen, besprachen sich alle Sonderschullehrer/innen und schlugen der Schule vor, die Kinder mit Lernschwierigkeiten innerhalb des regulären Unterrichts zu fördern. In den nächsten drei Jahren konnten sie dokumentieren, daß die Klassen, in denen es lernbehinderte Schüler/innen gab, in den allgemeinen staatlichen Tests besser abschnitten als die Klassen ohne lernbehinderte Schüler/innen.

---

[1] Dieses Beispiel beruht auf persönlichen Beobachtungen und Gesprächen mit Lehrerinnen und der Schuldirektorin.

Es mußte also daran liegen, daß diese Klassen nun täglich während mehrerer Stunden zwei Lehrer/innen hatten, die gemeinsam unterrichteten, und daß die Sonderschullehrer/innen viele neue Unterrichtsstrategien eingeführt hatten, die nicht nur den Kindern mit offiziell getesteten Lernschwierigkeiten halfen, besser zu lernen.

Nach diesen drei erfolgreichen Jahren war die Schule bereit, auch ihre Sonderschüler/innen am Regelunterricht teilnehmen zu lassen. Während der Sommermonate besprachen sich die Sonderschullehrer/innen mit der Direktorin, dann luden sie alle Regelklassenlehrer/innen ein, an einer Pilotstudie für Integration teilzunehmen. Vor Schulbeginn lud die Schule alle Familien mit behinderten Kindern ein und bat um die Zustimmung der Eltern zur Integration. Zwei Familien hatten Bedenken, waren aber bereit, ihre Kinder ein viertel Jahr lang in den Regelunterricht zu schicken. Die Familien der nichtbehinderten Kinder wurden am Schulanfang zu einer Diskussion eingeladen. Viele Eltern hatten Zweifel, aber ihr Vertrauen in die Schule war groß genug, um dem Experiment zuzustimmen.

Natürlich ist die Integration behinderter Kinder nicht einfach. Die Lehrer/innen in Belle Elementary sind davon überzeugt, daß sie nur deshalb erfolgreich sind, weil sie als Schule gemeinsam die Entscheidung getroffen haben und weil die ganze Schule das Unternehmen unterstützt. Die Regelschullehrer/innen haben täglich Zeit, den Unterricht gemeinsam mit den Sonderschullehrer/innen zu planen, und die Sonderschullehrer/innen arbeiten mit der ganzen Klasse, nicht nur mit den behinderten Kindern – beide Lehrer/innen bilden ein Team.

Der Einfluß der Sonderschullehrer/innen ist besonders an den aktiven Unterrichtsmethoden, dem Gruppenunterricht und an der Vielfalt der Materialien, die im Unterricht benützt werden, zu erkennen. Viele Kinder, die früher keine Hilfestellungen bekamen und nur schwer dem Unterricht folgen konnten, haben jetzt die Möglichkeit, neue Konzepte von verschiedenen Perspektiven her zu untersuchen. Besonders begabte Kinder werden angeregt, eigenständig ihr Wissen zu erweitern und zu vertiefen.

Eltern und Lehrer/innen waren wohl am meisten erstaunt über die Reaktion der Kinder, denn diese hatten am wenigsten Probleme mit der Integration. Alle Kinder mit Behinderungen wurden sehr schnell von ihren Mitschüler/innen akzeptiert. Sie werden mit Liebe und Respekt behandelt, und alle Kinder sind bereit zu helfen, wenn ein behindertes Kind eine Hilfestellung braucht. Als Justin, der vom Kindergarten bis zur dritten Klasse in einem eigenen Klassenzimmer unterrichtet wurde, zum ersten Mal in der vierten Regelklasse saß, war er begeistert: „Was, es gibt jetzt keine Sonderschule mehr? Mensch, das ist ja prima!"

Was sind Accelerated Schools?

Belle Elementary School ist eine von über 800 Schulen in den Vereinigten Staaten, die sich der Accelerated-Schools-Bewegung angeschlossen hat. Accelerated Schools sind Schulen, in denen alle Schüler/innen gute Leistungen erzielen, ganz gleich aus welcher sozialen Schicht sie kommen, welcher Ethnizität oder Rasse sie angehören und welche Begabungen und Erfahrungen sie in die Schule mitbringen. In Accelerated Schools werden alle Schüler/innen als begabt behandelt und ihre Begabungen und Talente werden durch vielfältige Unterrichtsstrategien, Forschungsprojekte, Problemlösungsprozesse, wissenschaftliche Arbeiten, kreatives Schreiben, Musik und Kunst gefördert. In Accelerated Schools bilden alle Lehrer/innen und schulischen Mitarbeiter/innen die Schulleitung, alle Schüler/innen und deren Familien und die Schulnachbarschaft ihrerseits sind eine echte Schulgemeinschaft. Diese Schulgemeinschaft entsteht dadurch, daß alle an der Schule Beteiligten ein gemeinsames Zukunftsbild ihrer Idealschule entwickeln und dann alle zusammenarbeiten, um diese Traumschule in die Wirklichkeit umzusetzen. In diesen Schulgemeinschaften werden Ideen, ganz gleich von wem sie kommen, wichtig genommen und führen tatsächlich zu Veränderungen, an denen alle beteiligt sind. Accelerated Schools sind Schulgemeinschaften, in der sich alle Schüler/innen erfolgreich darauf vorbereiten können, hilfsbereite, kreative, kritische und produktive Mitglieder der Gesellschaft zu werden.

Wie begann die Bewegung der Accelerated Schools?

Die Accelerated-Schools-Bewegung begann an der Universität Stanford im Jahr 1986 unter Professor Henry M. Levin als ein Schulreformprojekt. Zunächst wurde das Projekt entwickelt, um jenen Schüler/innen zu helfen, die als „at-risk" bezeichnet werden, also „Risikokinder", bei denen es unwahrscheinlich ist, daß sie die Schule erfolgreich beenden. Anstatt diese Schüler/innen als unzulänglich und akademisch schwach anzusehen, erkannten die Mitarbeiter/innen des Projekts, daß sich diese Risikoschüler/innen in einer Situation befinden, in der ihre eigenen Erfahrungen mit den Erfahrungen, die im Schulunterricht vorausgesetzt werden, nicht übereinstimmen. Risikoschüler/innen werden oft in Sonderklassen oder in Gruppen für „Langsamlerner" oder schwache Schüler gesteckt, weil es ihnen schwer fällt, etwas zu lernen, zu dem sie keinerlei Ansatzpunkte finden können. Statt mit allen Schüler/innen gemeinsam zu lernen, fallen sie Jahr für Jahr zurück, und viele werden so entmutigt, daß sie keinen Schulabschluß machen. Statt das Vorwärtskommen der sogenannten akademisch minderbegabten Schüler zu verlangsamen, bauen Accelerated Schools den Lernstoff auf den Erfahrungen auf, die diese Schüler/innen von ihrem Zuhause, ihren Familien, ihren Nachbarschaften mitbringen. Somit hilft das Projekt allen Schüler/innen, schneller und besser zu lernen.

Nach den ersten spektakulären Erfolgen in Schulen mit hohen Prozentsätzen von Risikoschüler/innen wurden andere Schulen auf das Accelerated-Schools-Projekt aufmerksam. Sie sahen, daß das Projekt allen Schulen helfen kann, alle seine Schüler/innen erfolgreich zu machen und eine echte Schulgemeinschaft aufzubauen, in der sich alle Beteiligten für das Wohlergehen aller Schüler/innen verantwortlich fühlen.

Seit September 1994 wurden ungefähr 800 Accelerated Schools in 39 Staaten der USA gegründet. Das Projekt fing als Grundschulinitiative an, wird aber jetzt auch schon von Mittelschulen praktiziert. Das Nationale Center plant das Accelerated-Schools-Projekt in den nächsten Jahren auch auf höhere Schulen auszudehnen.

Was ist so besonders an Accelerated Schools?

Es gibt keine allgemeingültigen Merkmale einer Accelerated School, denn jede Schule ist die Realisierung des gemeinsamen Ideals einer Gruppe, die durch Wohnsitz und Arbeitsplatz an einer bestimmten Schule zusammmenkommen. Jede Accelerated School ist demnach anders und reflektiert die gemeinsamen Ideale und Vorstellungen über Erziehung, Bildung und die Ausbildung guter Bürger für die Gesellschaft der Zukunft, einer ganz bestimmten und konkreten Gruppe von Menschen.

Und doch haben alle Accelerated Schools eine Schulatmosphäre und eine Schulkultur, die es dem Besucher ermöglicht zu sagen: „Dies ist eine Accelerated School." Das kommt daher, daß alle Accelerated Schools eine gemeinsame Philosophie haben und denselben systematischen Prozeß benützen, um ihren eigenen gemeinsamen Traum von einer Idealschule zu formulieren und zu verwirklichen. Mit dieser Philosophie und diesem Prozeß lernen Schulen, ihre eigenen Probleme zu verstehen, Lösungen für ihre Probleme zu finden und gemeinsam ihre Pläne einer Traumschule zu verwirklichen, in der alle Schüler/innen Erfolg haben.

Philosophie und Grundprinzipien der Accelerated Schools

Es ist nicht einfach, die Träume von so vielen verschiedenen Menschen, die an einer Schule beteiligt sind und die die Schule in sehr verschiedenartigen Rollen erfahren, zu einem gemeinsamen Traum zusammenzufassen. Ein gemeinsamer Traum muß größer und schöner sein als der Traum eines jeden einzelnen und soll dennoch die Träume eines jeden einzelnen beinhalten. Als Vorbereitung, um zu dieser gemeinsamen Vision zu kommen, muß sich deshalb die Schule mit der Accelerated-Schools-Philosophie auseinandersetzen. Nur wenn die Schulgemeinschaft sich einig ist, daß diese Philosophie das Leben in der Schule orientieren kann, ist es sinnvoll für die Schule, sich weiter an dem Projekt zu beteiligen.

Alle Mitglieder einer Schule, die eine Accelerated School werden soll, sollten sich darüber einig sein, daß ihre Schule nur dann für alle Schüler/innen gut sein kann, wenn sie gut genug ist für ihre eigenen Kinder. Es gibt also keine besonders gute Schule für Ausländerkinder oder für Kinder mit Behinderungen oder für Arbeiterkinder, wenn ich als Lehrer/in, als Direktor/in, als Sekretärin, als Mutter/Vater und Nachbar/in solch einer Schule mein Kind aus irgendeinem Grund nicht dieser Schule anvertrauen würde, denn dann ist die Schule nicht gut genug für die Kinder, die dort sein müssen.

Kandidaten für Accelerated Schools sollten sich auch darin einig sein, daß **alle** Kinder lernen können und daß alle Kinder Begabungen und Talente haben – alle Kinder, auch schwerstbehinderte. Und sie müssen davon überzeugt sein, daß es die Aufgabe ihrer Schule ist, alle Kinder zu fordern und höchste Ansprüche an sie zu stellen. Es ist ebenfalls ihre Aufgabe, alle Kinder zu fördern und ihnen zu helfen, ihre besonderen Talente und Begabungen zu finden und auszubilden. Letztlich ist es auch ihre Aufgabe, den Schüler/innen zu helfen gute Bürger und Bürgerinnen zu werden, die sich nicht nur der Gesellschaft, wie sie ist, anzupassen vermögen, sondern bereit und fähig sind, sie zu verbessern.

Accelerated Schools bauen auf drei miteinander verbundenen Prinzipien auf, die in traditionellen Schulen oft nicht beachtet werden. Das erste Prinzip ist die gemeinsame Zielsetzung und Zusammenarbeit. Es ist nicht genug, Grundideen und Zielsetzung für eine Idealschule gemeinsam zu entwickeln. Alle Mitglieder der Schulgemeinschaft müssen auch einen gemeinsamen Weg einschlagen, um die Ziele zu erreichen. Das heißt nicht, daß alle Lehrer/innen dieselben Unterrichtsformen benützen und daß die Schule zur Uniformität verdammt ist.

Aber die Mitglieder der Schulgemeinschaft müssen wissen, was in den einzelnen Klassenzimmern vorgeht, müssen ihre Tätigkeiten aufeinander abstimmen und müssen sich gegenseitig in ihren Vorhaben unterstützen. Dabei ist es wichtig, daß Schüler/innen und ihre Familien und deren Freunde und Nachbarn als gleichwertige Partner der Schule anerkannt und respektiert werden. Das Leben in der Schule, das Leben zu Hause und in der Nachbarschaft werden als Einheit, in der sich jedes Kind entwickelt, anerkannt.

Das zweite Grundprinzip ist die Ermächtigung aller Mitglieder der Schulgemeinschaft zu verantwortlichem Handeln. Alle Leute, die sich für die Schule mitverantwortlich fühlen, also Lehrer/innen, andere schulische Mitarbeiter/innen, Schüler/innen, Eltern, Beamte des Schulbezirks und interessierte Leute aus der Nachbarschaft, werden ermächtigt, gemeinsam Entscheidungen zu treffen und gemeinsam Verantwortung dafür zu tragen, daß diese Entscheidungen in die Tat umgesetzt werden. Hier ist also nicht die (der) Direktor/in alleinverantwortlich für das, was an der Schule geschieht, sondern die ganze Schulgemeinschaft trägt diese Verantwortung. Eine neue demokratische Organisation innerhalb der Schule sorgt dafür, daß jeder sich mitverantwortlich fühlen kann, denn jeder hat aktiv an den schulinternen Entscheidungen teilgenommen.

Wenn Schulen sich verbessern wollen, stellen sie im allgemeinen eine Liste von Problemen auf und versuchen dann, diese Probleme zu lösen. In Accelerated Schools stehen nicht die Probleme im Mittelpunkt, sondern die Vision einer Idealschule und die Stärken, auf denen die Schule aufbauen kann. Dieses Grundprinzip – auf Stärken aufbauen – fällt Schulen oft schwer, deren Schüler/innen wenig schulische Erfolge zeigen und deren Umgebung durch Armut, Kriminalität und Gewalt charakterisiert ist. Aber es ist wesentlich für den Erfolg gerade dieser Schulen, die Stärken der Kinder und ihrer Familien und die Stärken der Nachbarschaft zu suchen und sie gezielt in der Transformation zu der ersehnten Traumschule einzusetzen.

Bevorzugte Verhaltensweisen in Accelerated Schools

Schulgemeinschaften in Accelerated Schools zeichnen sich durch gemeinsame Verhaltensweisen und vor allem durch Glaubenssätze und Wertvorstellungen aus, die von allen anerkannt werden. Diese haben sich die Schulgemeinschaften gemeinsam erarbeitet, und sie tragen dazu bei, ein Milieu zu schaffen, das Innovationen und Zusammenarbeit fördert. Während die Schule sich zu ihrer Traumschule entwickelt, nehmen Qualitäten wie Gerechtigkeit, Vertrauen, Engagement, Zusammenarbeit, Reflexion und die Bereitschaft, Risiken einzugehen, eine zentrale Rolle ein und helfen der Schulgemeinschaft bei der gemeinsamen Arbeit, die selbstgesetzten Ziele schneller zu erreichen.

Diese Qualitäten sind sicher in allen Schulen bis zu einem gewissen Grad anzutreffen. Aber in Accelerated Schools werden sie bewußt geschaffen und gefördert. Die Schulgemeinschaft nimmt sich Zeit und entwickelt Strategien, um gegenseitiges Vertrauen zwischen Lehrer/innen und den Eltern, zwischen Schüler/innen und Lehrer/innen, zwischen Kindern und Eltern, zwischen der Schule und dem Schulbezirk, zwischen Schule und Nachbarschaft herzustellen. Die Schule untersucht, ob der Unterricht allen Kindern gerecht wird und alle Kinder in gleicher Weise fordert. Engagement und Zusammenarbeit werden von der Schule unterstützt und gefeiert. Lehrer/innen und Schüler/innen sind sich bewußt, daß sie experimentieren können, daß sie Risiken beim Lernen eingehen können und Fehler machen dürfen, denn sie werden in ihren Vorhaben von der Schulgemeinschaft getragen und unterstützt.

Es gehört zur Philosophie der Accelerated Schools, daß die Schule als eine Gemeinschaft von ausgebildeten Fachkräften angesehen wird, die sowohl die nötigen Sachkenntnisse als auch die erforderliche Vision und den Weitblick haben, um ihre Traumschule in die Wirklichkeit umzusetzen. Der Prozeß der Accelerated Schools befähigt dann die Schulgemeinschaft, auf ihren eigenen Stärken aufzubauen und als Gemeinschaft zu wachsen, um mit allen Schwierigkeiten fertig zu werden.

Das Herz der Accelerated Schools: Engagiertes Lernen

Schulgemeinschaften von Accelerated Schools arbeiten zusammen, um tiefgreifende und einprägsame Lernerfahrungen zu entwickeln, die alle Schüler/innen zur Teilnahme und zum Erfolg motivieren. Das Beste, was wir über Erziehung wissen – was sonst oft nur den sogenannten begabten Schüler/innen zugute kommt –, wird hier mit allen Schüler/innen erarbeitet. In Accelerated Schools eignen sich Schüler/innen ihr Wissen an, weil sie erkennen, welche Bedeutung das Gelernte für sie hat, und weil sie zwischen dem Unterricht in der Schule und ihrer Welt zu Hause Beziehungen herstellen können. Sie werden in aktive Lernprozesse miteinbezogen, die auf ihren eigenen Stärken und Begabungen und auf ihren Erfahrungen aufbauen. Diese Lernerfahrungen erfordern Vorstellungskraft und Phantasie, komplexes Denkvermögen, kritische Analyse und Lerninhalte, die den Schüler/innen wichtig sind und ihnen etwas bedeuten.

Das Accelerated-Schools-Projekt schreibt nicht vor, wie diese eindrucksvollen und tiefgreifenden Lernerlebnisse erarbeitet werden sollen. Es gibt auch keine Liste von Merkmalen oder charakteristischen Eigenschaften eindrucksvoller Lernerlebnisse; denn solche Listen führen ja nur dazu, unzusammenhängende und isolierte Veränderungen am Curriculum und an den Unterrichtsstrategien vorzunehmen. Ganz im Gegenteil, an den Accelerated Schools sind alle Mitglieder der Schulgemeinschaft daran beteiligt, Lernen relevant zu machen, indem sie systematisch auf den Begabungen der Schüler/innen aufbauen. Jede dieser Schulen schafft ihren eigenen Grundstock von Lernerfahrungen. Dieser wächst von Jahr zu Jahr und wird auf den Begabungen, Erfahrungen und Bedürfnissen der Schüler/innen und der Zukunftsvision der ganzen Schule aufgebaut.

Engagiertes Lernen ist ein Begriff, der noch nicht wissenschaftlich definiert ist. Theorien des Lernens, wie der Konstruktivismus von Piaget und Vigotsky, und Theorien über multiple Intelligenzen von Sternberg und Gardner helfen Lehrer/innen, Zugang zu engagiertem Lernen zu finden. Forschungen über rechte und linke Gehirnhemisphären und über bevorzugte Lernstile ebenso wie metakognitive Theorien tragen auch zu dem Begriff bei. Ganz wichtig ist dabei auch die Philosophie der Accelerated Schools und die Vision jeder einzelnen Schule, die die verschiedenen individuellen Lernerfahrungen zu einer Gesamtschau des menschlichen Wissens bringen können.

Wie engagiertes Lernen verwirklicht werden kann, zeigen die folgenden Beispiele. In einer Schule in Redwood City, Kalifornien, in der 98 % der Kinder aus Ausländerfamilien kommen, die meisten davon aus Lateinamerika, sollten Schüler/innen einer vierten Klasse über Tiere und ihren Lebensraum lernen. Alle Kinder durften sich ein Lieblingstier aussuchen und darüber Forschungen anstellen. Die Kinder brachten ihre Plüschtiere mit und tauschten sie untereinander aus. Die Tiere durften an den Arbeiten teilnehmen, sie wurden als Partner betrachtet. Kinder suchten Bücher für und über ihre Lieblingstiere und lasen sie den Tieren vor. Sie studierten über die Gewohnheiten und den Lebensraum der Tiere und stellten kleine Bücher her, die ihre Tiere genau beschrieben. Dann machten sie große Plakate über ihre Tiere in ihrem Lebensraum, und Kinder, die Tiere im selben Habitat studierten, stellten große Dioramas her, in denen man ganze Tiergruppen studieren konnte. Alle Schüler/innen, Buben und Mädchen, machten auch Wandbilder aus Stoff und Stickerei über ihre Tiere als Geschenk für ihre Eltern.

Als während des Studiums ein toter Wal an die Küste gespült wurde, machte die Klasse spontan einen Ausflug, um den Wal zu besichtigen. Die Wissenschaftler, die schon an dem Wal arbeiteten, waren überrascht, welch intelligente Fragen die Kinder an sie stellten. Statt sich über den schrecklichen Gestank aufzuregen und ihren Ekel über das verweste Fleisch zu zeigen, wie es andere Schulklassen taten, ließ sich die Klasse in wissenschaftliche Gespräche mit den Forschern ein und zeigte stilles Mitgefühl für das große Tier, das ein tragisches Ende gefunden hatte.

Nach einem Besuch des Museums für Naturkunde in San Francisco, waren die Kinder so begeistert von den Ausstellungen, daß sie die Lehrerin baten, selbst eine Ausstellung für die ganze Schule zu organisieren. Obwohl die Lehrerin Angst hatte, daß dies Unternehmen zu schwierig für ihre Klasse war und zu viel Zeit in Anspruch nehmen würde, ließ sie sich von der Begeisterung und dem Ernst ihrer Schüler/innen überzeugen. Die Klasse durfte die Bibliothek der Schule benutzen, um die Ausstellung aufzubauen. Neben den Plakaten der Tiere wurden wissenschaftliche Daten über die Tiere und ihren Lebensraum auf Chartpapier geschrieben. Jedem Diorama wurden zwei Wissenschaftler zugeordnet, die die Tiere und ihr Umfeld auf englisch und auf spanisch vorstellten. Eine Lesestunde wurde eingerichtet, in der die selbstgefertigten Bücher vorgelesen wurden, und mehrmals am Tag gab es Videos über die Tiere zu sehen.

Die Schüler/innen, die weder gut Englisch noch Spanisch sprachen und fühlten, daß sie an den öffentlichen Vorführungen nicht teilnehmen konnten, kamen auf die Idee, ihre Beiträge auf Band zu sprechen. Sie malten ein großes Wandbild mit den verschiedenen Lebensräumen der ganzen Welt und hatten für jeden einen extra Schlüssel. Kinder, die etwas mehr erfahren wollten, steckten den Pappschlüssel in einen Schlitz an der entsprechenden Stelle, dann stellten die Kinder hinter der Wand ein Tonband an, auf das sie einen selbstgefertigten Text auf Englisch gesprochen hatten.

Die Ausstellung lief eine ganze Woche. Während der Pausen und über Mittag und an zwei Abenden war die ganze Klasse da, um Besucher herumzuführen, die verschiedenen Teile der Ausstellung zu erklären und die Lese- und Filmstunden durchzuführen. Ganze Schulklassen durften sich anmelden und während des Unterrichts die Exposition besuchen. Die Ausstellung war so erfolgreich, daß sie nicht nur von allen Schüler/innen und vielen Eltern der eigenen Schule besucht wurde, sondern auch Schulklassen der Nachbarschulen kamen.[2]

---

[2] Dieses Beispiel wurden mir von der verantwortlichen Lehrerin erzählt. Eine ähnliche Beschreibungen befindet sich in „The Accelereted Schools Resource Guide" (1993).

In Houston, Texas, war eine Schulleiterin zur Vernissage einer Ausstellung über Pompeii im Museum der Schönen Künste eingeladen worden. Beim Empfang hatten viele Gäste ihre Kinder mitgebracht. Da dachte sie traurig, daß die Kinder an ihrer Schule diese Ausstellung nie zu sehen bekämen. Ihre Schule lag in einem ärmlichen Außenbezirk, in dem mehr als 90% der Familien aus Lateinamerika kommen. Viele von ihnen waren arbeitslos oder konnten sich nur mühsam mit Gelegenheitsarbeiten über Wasser halten. Um diesen Kindern auch das, was Kindern der Mittelklasse ganz natürlich geboten wird, zugänglich zu machen, lud sie interessierte Schüler/innen in ihr Büro ein, täglich während der Mittagspause etwas über Pompeji und das Römische Reich zu lernen.

Die Schüler/innen fingen ihr Studium damit an, sich römische Namen zu geben und sich während der Mittagspause als Römer zu fühlen. Zuerst lasen sie Bücher über Pompeji, über Rom, über Stände und Familien in der römischen Gesellschaft und über das Sklavensystem, die die Direktorin gefunden hatte. Aber bald war das Interresse geweckt, und die Schüler/innen wollten neue Sachen erfahren, die nicht in den Büchern standen. So lernten sie, sich selbst Information über das zu beschaffen, was sie persönlich interessierte.

Manche Kinder lernten das römische Zahlensystem und entwickelten Aufgaben für die ganze Schule, in denen mit römischen Zahlen gerechnet werden mußte. Geburtstage, Jahrestage, Familienfeiern wurden auf Wunsch in römischen Zahlen ausgedrückt. Eine andere Gruppe von Schüler/innen begann zu erforschen, wie Vulkane entstehen. Mit Hilfe von Chemie- und Physikbüchern, interessierten Lehrer/innen und der Bibliothekarin der Stadtbibliothek konnten sie selbst einen kleinen Vulkan bauen und ihn zum Ausbruch kommen lassen. Die Daten von Pompeji wurden mit den Daten von Mount Saint Helens verglichen, der 1980 in Oregon ausgebrochen war.

Die Kinder interessierten sich auch für das Essen in Rom. Sie lernten, daß es schon damals öffentliche Küchen gab, in denen die Leute warmes Essen kaufen konnten. Das Essen wurde über Wasserdampf warm gehalten. Dies brachte die Kinder dazu, ihre Cafeteria zu untersuchen, um zu sehen, wie heutzutage das Essen warm gehalten wird. Natürlich lernten die Kinder auch, daß die Leute in Pompeji nicht von den Lavamassen erdrückt wurden, sondern erstickt waren. Das brachte die Schüler/innen dazu, sich für den menschlichen Körper zu interessieren. Sie studierten das Atemsystem und die Ursachen von Erstickungen.

Römische und griechische Architektur war ein anderes Gebiet, das die Schüler/innen sehr interessierte. Sie suchten Bücher und schauten sich Videos an und verglichen dann die römischen und griechischen

Tempel und Häuser mit Gebäuden in Houston. Sie waren erstaunt, wie viele Gebäude, vor allem Banken und Regierungsgebäude, auch heute noch Spuren römischer Architektur zeigen. Bald waren sie Experten griechischer Säulen und anderen Charakteristiken der römischen Baukultur. Die Schüler/innen planten ihren Ausflug ins Museum sorgfältig. Sie studierten, wie sich Römer kleideten und aus welchen Materialien die Togen waren. Sie machten sich ihre eigenen Togen und Kränze fürs Haar, die sie bei ihrem Museumsbesuch trugen. Nach der Ausstellung über Pompeji ging die ganze Gruppe in einen nahegelegenen Park und feierte das Ereignis mit einem römischen Festgelage. Die Kinder lagen auf Kissen und aßen Trauben, Käse und Brot und tranken Traubensaft. Ein Junge hob seinen Traubensaft hoch und lud die Kinder zu einem Toast ein: „Auf Rom!" sagte er. Und ein Mädchen sagte: „So sollte Schule immer sein." Da meinte ein anderes Kind nachdenklich: „Dann würde sicher niemand im Unterricht fehlen."[3]

Ein Schulentwicklungsprozeß, an dem alle mitarbeiten

Es gibt sicher viele Gründe, warum Schulen sich für das Accelerated-Schools-Projekt interessieren. Am Anfang des Projekts waren es meist Schulen, die sozusagen nichts mehr zu verlieren hatten. Sie waren als schlechte Schulen abgeschrieben und das Stigma der Schule war an den Lehrer/innen und Schüler/innen haften geblieben. Sie fühlten sich als schlechte Lehrer/innen und schlechte Schüler/innen und wurden auch so von der Gesellschaft gesehen. Oft waren es Schulinspektoren, die es einer Schule nahelegten, an dem Projekt teilzunehmen.
Dies hat sich in den letzten Jahren geändert. Mit dem Erfolg dieser ersten Schulen haben sich immer mehr Schulen gemeldet, die an dem Projekt teilnehmen möchten, weil sie die Möglichkeit erkannt haben, daß sie mit der Philosophie und dem Prozeß von Accelerated Schools Schüler und Familien in den Lernprozeß einbeziehen können und so Schulgemeinschaften bilden können, die in der Schule eine neue Lernkultur schaffen. Von den ungefähr 800 Schulen, die es im Schuljahr 1994/95 gibt, sind also nicht mehr alle die schlechtesten Schulen ihrer Schulbezirke, aber die meisten von ihnen sehen

---

[3] Dieses Beispiel beruht auf persönlichen Beobachtungen und Gesprächen mit der Schuldirektorin. Es wird in ähnlicher Form in „The Accelereted Schools Resource Guide" (1993) berichtet.

sich Bedürfnissen und Herausforderungen gegenübergestellt, die sie nicht ohne eine totale Veränderung ihrer Schulpraxis in den Griff bekommen können.

Oft sind es Schulen, deren demographisches Bild sich radikal in den letzten Jahren verändert hat. Die Familien der weißen Mittelklasse sind in die Außenbezirke gezogen, und die Schule bekommt ihre meisten Schüler/innen von Einwandererfamilien und armen Familien der farbigen Minderheiten. Dies ist oft ein Prozeß, der sich in wenigen Jahren vollzieht. Es gibt Accelerated Schools in Kalifornien, in denen 17 Sprachen gesprochen werden, oft fünf bis sechs verschiedene Sprachen in einem Klassenzimmer. In Los Angeles gibt es Schulen, die vor 30 Jahren in einem völlig weißen Arbeiterviertel waren, dann zwanzig Jahre lang bis zu 90% schwarze Schüler/innen hatten und in den letzten vier bis fünf Jahren mehr als 60% ihrer Kinder von lateinamerikanischen Familien bekommen. In manchen Schulen in Texas ist die Mobilitätsrate der Schüler/innen über 100%, weil die Eltern keine Arbeit bekommen und ihre Wohnung ständig wechseln müssen, wenn sie die Miete nicht bezahlen können. Andere Schulen sind in Stadtvierteln oder ländlichen Gegenden, in denen die Armut schon zur Tradition geworden ist. Oft sind es Gegenden, in denen die traditionellen Minderheiten die Mehrheit bilden, schwarze und farbige Familien, die noch nie eine Chance hatten und die sich seit Generationen abmühen, es zu etwas zu bringen.

In all diesen Schulen ist die Mitarbeit der Eltern und der Nachbarschaft unabkömmlich, wenn die Lehrer/innen und die Schulleitung erfolgreich etwas verändern wollen. Nur mit Hilfe aller Beteiligten kann hier eine neue Schule geschaffen werden, in der die Kinder ihre Erfahrungen einbringen, in der das Gelernte für die Zukunft der Kinder relevant wird und in der die Ressourcen der Umgebung optimal genützt werden.

Eine Schule radikal zu verändern ist ein Prozeß, der mindestens sechs Jahre dauert und der, einmal in Bewegung gesetzt, eigentlich nie mehr aufhört, sondern sich zyklisch wiederholt. Dieser Schulentwicklungsprozeß ist ein Kommunikationsprozeß, in dem durch gemeinsame Gespräche und gemeinsame Forschungsarbeit eine echte Schulgemeinschaft gebildet wird, in der die gemeinsam erarbeiteten Veränderungen eine neue Schulkultur einführen, die alle Beteiligten prägt.

Die Ist-Analyse

Der Schulentwicklungsprozeß beginnt damit, daß die ganze Schule, also alle Beteiligten, sich ihrer jetzigen Lage voll bewußt wird und ihre Situation gemeinsam analysiert, indem sie eine sogenannte Schulinventur oder Ist-Analyse macht. In dieser Inventur werden alle Schulsituationen und charakteristischen Elemente der Schule untersucht, die der Schulgemeinschaft bedeutungsvoll erscheinen. Lehrer/innen, Eltern und Schüler/innen arbeiten zusammen, um sich ein gemeinsames Bild ihrer Schule zu schaffen. Sie stellen die Fragen, sie entscheiden wer diese Fragen beantworten muß oder wie sie Informationen bekommen, um diese Fragen selbst beantworten zu können. Sie sind es auch, die die Daten sammeln, die Informationen analysieren und interpretieren.

Die ganze Schule setzt sich in gemischten Arbeitsgruppen zusammen und arbeitet an der Erforschung von wichtigen Teilbereichen der Schule. Mehrere Monate lang beteiligen sich Lehrer/innen, Eltern und Schüler/innen außerhalb der Schulzeit an der Ausarbeitung von Fragebögen für die ganze Schulgemeinschaft und beschäftigen sich als Meinungsforscher. Während der Zeit machen sie auch Interviews mit Schlüsselfiguren im Unterrichtswesen und in der Nachbarschaft. Sie beobachten den Unterricht von SAMPLE-Klassen, sie analysieren Testdaten, vergleichen Statistiken, suchen nach PATTERNS, stellen Listen von Arbeitsmaterialien auf, vermessen Klassenzimmer, errechnen Zeit, die verschiedene Kinder für Hausaufgaben brauchen, beschreiben die Nachbarschaft, erforschen die Geschichte der Schule. Sie setzen sich zusammen, analysieren die Daten, interpretieren die Informationen und beschreiben ihre Schule, so wie sie sie gemeinsam sehen. Die Schulinventur kulminiert an dem Tag, an dem jede Arbeitsgruppe ihre Resultate vorstellt und an dem aus den vielen Einzelbeschreibungen ein inhaltsreiches und detailliertes Gesamtbild der Schule entsteht.

Eine gemeinsame Vision

Sobald sich die Schulgemeinschaft ein gemeinsames Bild ihrer Schule gemacht hat, setzen sich die Mitglieder zusammen, um sich ihre Traumschule zu erarbeiten. Die Schulleitung und die Lehrer/innen stellen sich eine Schule vor, in der sie gern arbeiten und in die sie ihre eigenen Kinder schicken würden. Schüler/innen stellen sich eine Schule vor, in der sie sich gleichzeitig gefordert und geborgen fühlen. Eltern und Nachbarn denken an die Bürger von Morgen, was sie von ihren Kindern erwarten, wenn sie erwachsen sind. Traumschulen sind der Lernstoff in den Klassenzimmern. Über Traumschulen wird im Konferenzzimmer und auf dem Gang gesprochen. Eltern versammeln sich am Abend, um gemeinsam über ihre Traumschule

Ist-Analyse

Gemeinsame
Vision

Setzen von
Prioritäten

Eine neue
Schulorganisation

aus:
Hopfenberg, Wendy S.,
Levin, Henry M. & Ass.:
The Accelerated Schools
Guide. © Jossey-Bass
Inc., Publishers, 1993.

85

zu sprechen. Schüler/innen interviewen Geschäftsinhaber und Betriebsleiter, wie sie sich die Arbeitskräfte von morgen vorstellen. Die Information ist überall zu sehen. Klassenvisionen hängen in den Gängen, Lehrer/innenvisionen erscheinen in der Schülerzeitschrift, Eltern schreiben ihre Visionen auf Kärtchen und kleben sie an die Wand der Schulcafeteria.

Erst wenn jedes Mitglied der Schule die Möglichkeit hatte, über ihre eigene Traumschule nachzudenken und der Gemeinschaft zugänglich zu machen, wird eine Kommission gebildet, die diese Hunderte von Visionen zusammenfaßt und in einem Dokument festhält, das der Schule als Leitbild dient und als Grundlage für spätere konkrete Zielsetzungen. Die Schulvision wird in allen Schulen gebührend gefeiert. Fernsehen, Radiostationen und Journalisten werden eingeladen, um das Ereignis publik zu machen. In einer Schule in Illinois wurde die Schulvision auf einem Banner von einem Flugzeug über die Stadt geflogen. In Kalifornien machte eine Schule einen Aufmarsch, der von berittener Polizei begleitet wurde und brachte die Schulvision zu der Bürgermeisterin, um der Stadt bekannt zu geben, daß sich die Schule von Grund auf erneuern werde. In allen Schulen ist die schriftliche Vision groß sichtbar in der Eingangshalle. In vielen Schulen hängt sie außerdem in jedem Klassenzimmer. In manchen Schulen wird die Vision täglich von den Schüler/innen rezitiert.

Das Setzen von Prioritäten

Aus dem Vergleich zwischen der momentanen Situation der Schule und der gemeinsam erträumten Schule wird dann eine Liste von Veränderungen erarbeitet, die zur Traumschule hinführen sollen. Diese Veränderungen werden nach ihrer Wichtigkeit geordnet, und die drei bis fünf dringlichsten Veränderungen werden von der Schulgemeinschaft als gemeinsame Aufgabe im ersten Jahr angegangen.

Es ist ein wichtiger Tag im Leben einer Schule, wenn sich die Schulgemeinschaft zusammensetzt und untersucht, was alles an der Schule verändert werden muß, um die gemeinsame Vision zu realisieren. Selbst wenn die monatelangen Gespräche und andere Kommunikationsmöglichkeiten während der Schulinventur und des Schulvisionsprozesses die Schulgemeinschaft zum gemeinsamen Denken gebracht hat, ist dies der Tag, an dem sich die Schulgemeinschaft entscheiden muß, wo und wie sie ihr gemeinsames Handeln beginnt. Die Prioritäten, die hier gesetzt werden, bestimmen die Zukunft der Schule.

In den meisten Schulen werden die Handlungsbereiche sehr weit gesteckt. Curriculum, Unterrichtsstrategien und Lernprozesse, Schülerleistungen, Elternbeteiligung und Mitbestimmung, Schulklima, Disziplin sind Bereiche, die immer wieder von Schulen bestimmt werden. Innerhalb dieser Großbereiche werden dann Teilbereiche bestimmt und konkrete Probleme aufgezeigt. Alle Mitglieder der Schule teilen sich dann in die Bereiche ein, die sie am meisten interessieren.

Die Arbeitsgruppen, die so entstehen, werden von den Lehrer/innen und anderen schulischen Mitarbeitern, wie Sekretärinnen und Hausmeister und von Schüler/innen und Elternrepräsentanten gebildet. Die Gruppen sollten darauf achten, daß sie möglichst dem Schulprofil ähnlich sind, das heißt, Lehrer/innen von verschiedenen Fächern und Schüler/innen von verschiedenen Altersstufen sollten bei jeder Gruppe mitarbeiten. Die Gruppen sollten auch möglichst gleich groß sein. Notfalls verhandeln die Gruppen untereinander und tauschen Mitglieder aus, damit sie zu arbeitsfähigen Größen und Zusammensetzungen kommen.

Eine neue Schulorganisation

Diese permanenten Arbeitsgruppen, auch Kader genannt, sind die Bausteine einer neuen demokratischen Organisationsstruktur der Schule, die sich aus den Kadern, einem Koordinationskommittee von Repräsentanten der Kader und einer Vollversammlung aller Kader zusammensetzt. Die Arbeitsgruppen untersuchen die Problemsituationen in ihrem Arbeitsbereich, die ihnen von der ganzen Schule als Prioritäten angegeben wurden, erarbeiten Lösungsvorschläge und bereiten einen Arbeitsplan vor. Das Koordinationskommittee koordiniert die Arbeiten der Kader und bemüht sich, den Kadern notwendige Informationen zukommen zu lassen. Das Kommittee überprüft auch die Arbeitsvorschläge, bevor sie der Vollversammlung zur Entscheidung vorgestellt werden.

Alle schulweiten Entscheidungen werden von der Vollversammlung im Konsensverfahren getroffen. Hierbei muß der Konsens nicht auf 100 prozentige Begeisterung stoßen. Denn sobald es eine Mehrheit von 75 % gibt, wird mit den restlichen Teilnehmern verhandelt, unter welchen Umständen sie dem Vorschlag beistimmen könnten. Mitglieder der Vollversammlung, die durch keine Änderung des Arbeitsvorschlags dazu zu bringen sind, an ihm mitzuarbeiten, werden gebeten, als Außenseiter die Arbeit während ihrer Pilotphase kritisch zu beobachten, sie aber nicht zu sabotieren. Wenn ein Arbeitsvorschlag weniger als 75 % der Stimmen bekommt, geht er ohne große Diskussion zurück an die Arbeitsgruppe mit den Veränderungsvorschlägen der Vollversammlung.

Organisationen, Kommittees und Gruppen, die früher an der Schule die Kommunikations- und Entscheidungsprozesse wahrgenommen hatten, werden entweder abgeschafft oder in die neue Struktur aufgenommen. So können zum Beispiel Fachabteilungen in der Mittelschule weiterhin existieren und Probleme, die nur ihr Fach betreffen, selbständig lösen. Ein Repräsentant jeder Fachabteilung wird dann an dem Koordinationskommittee teilnehmen und dort die Interessen des Fachs vertreten und Informationen weiterleiten. Ein Disziplinkommittee, das es früher vielleicht gab, wird jetzt aufgelöst, wenn Disziplin eine schulweite Priorität geworden ist und sich dazu eine neue Arbeitsgruppe gebildet hat.

Der Aktionsforschungsprozeß

Damit die bisherigen Schwierigkeiten und Probleme der Schule von der Wurzel her verbessert werden können und die Schule immer mehr der Traumschule ähnlich wird, die sich die Schulgemeinschaft vorstellt, benützen die Arbeitsgruppen einen systematischen Aktionsforschungsprozeß. In diesem Prozeß werden die Probleme der Schule gemeinsam definiert und Gründe für den Mißstand als Hypothesen aufgestellt und systematisch erforscht. Erst dann werden Lösungsvorschläge gebracht, analysiert und zu einem systematischen Aktionsplan weiterentwickelt. Der Aktionsplan muß die Schule ihrer Vision näher bringen, um von der Vollversammlung der Schule akzeptiert zu werden. Die ganze Schule arbeitet dann zusammen und testet den Plan in einem Pilotprojekt, und nur wenn die Resultate zufriedenstellend sein werden, wird die ganze Schule die Veränderung durchführen.

Der Aktionsforschungsprozeß bereitet vielen Schulen Schwierigkeiten. Lehrer/innen müssen oft Entscheidungen allein treffen, ohne viel darüber nachdenken zu können. Sie sind es gewohnt, Probleme sehr schnell in den Griff zu bekommen und Lösungsvorschläge parat zu haben. In einer Schule sagte mir der Schulleiter „Ich erwarte von meinen Lehrern, wenn sie mit Problemen bei mir auftauchen, daß sie auch schon die Lösung mitbringen." Aber in Accelerated Schools wird von den Arbeitsgruppen erwartet, daß sie sich viel Zeit nehmen, das Problem erst einmal gemeinsam zu definieren.

Der Arbeitsgruppe für Schuldisziplin, zum Beispiel, ist es nicht erlaubt zu sagen: „Wir wissen ja alle, was für Disziplinschwierigkeiten es an unserer Schule gibt, wir können also gleich zu den Lösungsvorschlägen kommen." Im Gegenteil, die Gruppe muß es sich zur Aufgabe machen, nicht nur innerhalb der Gruppe zu definieren, was sie unter Disziplin und unter Disziplinschwierigkeiten versteht, sondern sie befragt auch formell und informell Lehrer/innen, Schüler/innen und Eltern, wie sie Disziplin und Disziplinprobleme sehen, vor allem im Hinblick auf ihre neue Schulvision. Nachdem die Gruppenmitglieder eine Liste von allen Disziplinschwierigkeiten aufgestellt haben, die in der Schule vorkommen, formulieren sie Hypothesen, warum die verschiedenen Disziplinprobleme an der Schule existieren. Diese Hypothesen werden dann von der Gruppe überprüft, indem sie für jede dieser Hypothesen Daten sammelt, um empirisch festzustellen, ob die Vorurteile und Erfahrungen der Gruppe, die in den Hypothesen zum Ausdruck kommen, echte Gründe haben.

Erst wenn die Arbeitsgruppe die tiefliegenden Gründe für die Disziplinschwierigkeiten erkannt hat, macht sie sich an die Arbeit, Lösungsvorschläge innerhalb und außerhalb der Gruppe zu suchen. Alle Lösungsvorschläge werden von dem Kader daraufhin untersucht, ob sie mit ihrer neuen Schulphilosophie übereinstimmen und vor allem, ob sie der Schulgemeinschaft die Vorstellung ihrer Traumschule näher bringen. Die Lösungsvorschläge, die diese Tests bestanden haben, werden dann von dem Kader zu einem Arbeitsplan zusammengestellt und dem Koordinationskommittee vorgestellt. Ist das Kommittee mit dem Plan einverstanden, wird er der Vollversammlung vorgestellt, und die entscheidet, ob der Plan in einer Pilotstudie an der Schule eingeführt werden kann. Die Pilotstudie wird von einer systematischen Evaluation begleitet. Nach einigen Monaten untersucht die Arbeitsgruppe die Ergebnisse dieser Evaluation, und wenn die Ergebnisse zufriedenstellend sind, entscheidet die Vollversammlung, ob der Plan in der ganzen Schule eingeführt wird ober ob er verändert werden muß, um besser den Bedürfnissen der Schule zu entsprechen.

Lehrer/innen, die früher in einer Nachmittagssitzung über einen neuen Disziplinplan entschieden haben, haben es sehr schwer, sich monatelange Forschungsarbeiten vorzustellen, nur um die Gründe der Disziplinschwierigkeiten zu erforschen. Es fällt ihnen auch schwer, den Einfluß von Schüler/innen und Eltern bei der Ausarbeitung eines Disziplinplans zu akzeptieren. Erst wenn sie diesen Prozeß einmal erfolgreich durchgemacht haben, können sie sich davon überzeugen, daß viele Probleme der Schule gerade darin ihren Ursprung haben, daß zwar Symptome gesehen und behandelt wurden, die tieferliegenden Ursachen eines Mißstands aber meist unberührt blieben. Sie sehen dann auch ein, daß der beste Plan nicht durchführbar wird, wenn er nicht von allen, die von den Veränderungen betroffen sind, mit vollem Herzen und mit Begeisterung akzeptiert ist. Nur dann können sie sicher sein, daß die neuen Regelungen eingehalten werden. Die Lösungen, die in Accelerated Schools eingebracht werden, sind tiefgehend und langfristig und werden von der ganzen Schulgemeinschaft intellektuell und emotionell getragen; und sie bringen die Schule Schritt für Schritt ihrem Idealbild näher.

Große und kleine Räder im Getriebe der Schulentwicklung

Während die ganze Schule an den großen Prozessen der Schulentwicklung teilnimmt, wird auch jedes einzelne Mitglied der Schulgemeinschaft aufgefordert, sich persönlich zu verändern und schon im ersten Jahr Veränderungen in die Klassen hineinzutragen als Ausdruck der neuen Schulphilosophie und der gemeinsamen Vision. In einer Mittelschule in San Jose, Kalifornien, fühlte sich ein Lehrer so angesprochen von dem Grundsatz, daß alle Kinder lernen können, daß er seine Unterrichtspraxis im Mathematikunterricht überdachte.
Er unterrichtete in der ersten Stunde eine Klasse von überdurchschnittlich begabten Kindern im ersten Leistungskurs ,Einführung in die Algebra' und in der Stunde danach eine Klasse vom dritten Leistungskurs, alles lateinamerikanische und afroamerikanische Schüler/innen in allgemeiner Mathematik. Meist war noch die Hausaufgabenangabe der ersten Klasse an der Tafel. Wenn die anderen Kinder ins Klassenzimmer kamen, fragten sie oft: „Warum dürfen wir nie solche Aufgaben machen?". Getragen von der neuen Schulphilosophie, entschied er sich in beiden Klassen denselben Unterricht zu geben. Um den Schülern der zweiten Klasse die Umstellung zur Algebra zu erleichtern, suchte er immer wieder neue Beispiele und fing an, sich für die Forschungsergebnisse und Projekte der neuen Mathematik zu interessieren. Bald benützte er die neue Art, Algebra zu unterrichten nicht nur in der dritten Leistungstufe, sondern auch in der ersten. Nach sechs Monaten berichtete der Lehrer vor der Vollversammlung der ganzen Schule, daß zwischen seinen beiden Klassen kein Unterschied mehr festzustellen war.[4]
In einer Schule in Las Vegas hatte sich die ganze Schule dafür entschieden, Integration von behinderten Kindern ernst zu nehmen. Sie

---

[4] Dieses Beispiel beruht auf persönlichen Beobachtungen und Gesprächen mit dem verantwortlichen Lehrer. Es wird in ähnlicher Form in „The Accelereted Schools Resource Guide" (1993) berichtet.

baten deshalb den Schulbezirk, alle Kinder mit Schwerstbehinderungen, die in ihrem Einzugsbereich lebten und in eine städtische Sonderschule gingen, in ihre Schule zu schicken. Liebevoll richteten sie ein Zimmer für die behinderten Kinder ein. Es waren sieben Kinder, alle körperlich und geistig schwer- und schwerstbehindert. Die Kinder waren in verschiedenen Altersstufen von der ersten bis zur fünften Klasse, aber keines hatte bis jetzt lesen und schreiben gelernt. Um den Kindern ein gemeinsames Thema zu geben, an dem alle mitarbeiten konnten, hatte sich die Sonderschullehrerin für das Thema „Äpfel" entschieden.

Das Klassenzimmer wurde das „Café zum Apfel". Es gab dort mitten im Zimmer einen echten Apfelbaum, der im Laufe des Jahres blühte und dann auch echte Äpfel brachte. In der Küche des Cafés lernten die Kinder, von ihren Rollstühlen aus zu kochen und wunderbare Gerichte aus Äpfeln herzustellen. Einmal im Monat lud die Klasse alle Lehrer/innen zum Mittagessen ein, bei dem es immer wieder neue Gerichte aus Äpfeln gab.

Nach anfänglichen Schwierigkeiten lernten die Kinder lesen, schreiben, rechnen und sich zu konzentrieren, und eine neue Welt des Lernens wurde ihnen eröffnet. Die Kinder wurden so oft wie möglich mit den gesunden Kindern zusammengebracht. Sie aßen gemeinsam zu Mittag, in den Pausen wurden sie von Schüler/innen aus verschiedenen Klassen abgeholt und in den Hof gefahren. Sie waren auch immer in der ersten Reihe bei allen Veranstaltungen dabei. An Feiertagen wurde ihr Klassenzimmer oft das Zentrum wichtiger schulischer Aktivitäten. Hier gab es Apfelsaft und Apfelpunsch für alle Kinder, hier wurden Geschenke aus Äpfeln verkauft, die die behinderten Kinder selbst angefertigt hatten.

Im nächsten Jahr war dann das Thema Sonnenblumen. Es wuchsen Sonnenblumen im Zimmer, die Kinder lernten über das Wachstum und die Verwendungsmöglichkeiten von Sonnenblumen, und sie lernten viel Neues über die Länder, in den Sonnenblumen wachsen. Sie machten Geschenke aus Sonnenblumenkernen, hielten Vorträge über Sonnenblumen und luden Lehrer/innen zu Essen mit Sonnenblumenkernen und Sonnenblumenöl ein. Und die Kinder lernten mehr und fühlten sich wohl in ihrer Schule und in ihrem Klassenzimmer, welches das gemütlichste und schönste Zimmer der ganzen Schule war. Sie lebten wie in einer Traumwelt – beschützt, und mit der Möglichkeit sich individuell zu entfalten. Aber die wirkliche Welt war es nicht.

Die Sonderschullehrerin und ihre Helferin, die sich solche Mühe mit den Kindern gegeben hatten und die so viel mit den Kindern in so kurzer Zeit erreicht hatten, waren sich bewußt, daß sie auf diese

Weise zwar den Kindern viel beibringen konnten, aber daß die behinderten Kinder in einer anderen Welt als die gesunden lebten. Um sie auf die Welt vorzubereiten, in der sie als Erwachsene leben würden, mußten die Kinder völlig integriert werden. Mit der Unterstützung der Direktorin, die früher selbst an einer Sonderschule unterrichtet hatte, und der zögernden Zustimmung aller Lehrer/innen planten die Sonderschullehrerin und ihre Helferin die Integration der Kinder in die Klassen, die ihnen altersmäßig entsprachen.

Das schöne Klassenzimmer wurde aufgelöst und als Büro eingerichtet, in dem Hilfsmaterialien zum Unterricht und die Karteien der behinderten Schüler/innen aufbewahrt wurden. Die Kinder saßen in den normalen Klassenzimmern, jedes behinderte Kind allein, ohne die Freund/innen, mit denen sie zwei Jahre lang zusammen waren. Der Anfang war für alle schwer. Die Lehrerin der Sonderklasse fühlte sich, als ob sie ihre Kinder verloren hätte. Sie hätte sich am liebsten in sieben Teile geteilt, um neben jedem Kind sitzen zu können. Die Lehrer/innen der Regelklassen fühlten sich überfordert: Wie redet man zu einem Kind, das nur lallt? Was macht man, wenn ein Kind mitten im Unterricht einen epileptischen Anfall bekommt? Wie verhält man sich, wenn der Boden um den Rollstuhl plötzlich naß wird?

Die Eltern der behinderten und der gesunden Kinder hatten große Zweifel. Würden die behinderten Kinder die anderen beim Lernen stören? Würde die Lehrerin genügend Zeit für die behinderten Kinder haben, um ihnen den Lehrstoff übermitteln zu können? Den behinderten Kindern fehlte der Schutz des eigenen Klassenzimmers und der Freund/innen, die ihnen so nah wie Geschwister waren. Auch die gesunden Kinder hatten zu Anfang Probleme, die behinderten Kinder als Kameraden im Klassenzimmer aufzunehmen. Sie kannten ja die Kinder, aber bis jetzt hatten sie immer eine Sonderstellung in der Schule gehabt. Konnten sie mit diesen Kindern herumtoben? Wie konnten sie sie an ihren Spielen teilhaben lassen? Wann sollten sie den behinderten Kindern helfen, und wann sollten sie sie allein lassen, wenn man von ihnen verlangte, eine schwierige Aufgabe selbständig zu lösen.

Es war ein Jahr des Experimentierens, der Fehlschläge und der unerwarteten Erfolge. Auch jetzt, im vierten Jahr, gibt es noch viele Probleme zu überwinden. Aber eins steht für alle fest. Das Experiment Integration ist geglückt. Die Kinder machen keine Unterschiede mehr zwischen behinderten und gesunden Kindern. Sie sehen jetzt viel bewußter die verschiedenen Begabungen und Talente aller ihrer Kameraden. Viele der neuen Unterrichtsmethoden, die die Sonderschullehrerin eingeführt hat, machen den Unterricht interessant und abwechslungsreich und kommen auch anderen Kindern zugute, die oft dem traditionellen Unterricht nicht so gut folgen konnten. Die Lehrer/innen haben viel dazugelernt in diesem Jahr und sind selbstbewußter geworden. Lehrer/innen von anderen Schulen besuchen ihre Klassenzimmer und lassen sich beraten.[5]

Was kostet es, eine Accelerated School zu werden?

Schulgemeinschaften verschreiben sich der Philosophie und dem Prozeß der Accelerated Schools, weil sie sehen, daß sie nur mit gemeinsamen Entscheidungen und gemeinsamem Handeln ihre Schule tiefgehend verändern können und so allen ihren Schülern und Schülerinnen die Hilfestellungen geben können, die sie brauchen, um erfolgreich zu sein. Um ihre Schule so zu verändern, brauchen sie nur wenig zusätzliche Ressourcen. Die Schulgemeinschaft muß sich jedoch darauf einigen, diese Mittel gezielt für die gewünschten Veränderungen einzusetzen. Am Anfang reichen meist die Mittel, die der Schule zur Verfügung stehen, aus, denn die meiste Arbeit im ersten Jahr – die informellen Gespräche, die Forschungsarbeiten, die Sitzungen, um sich gemeinsam zu besprechen – wird von allen Mitgliedern der Schule freiwillig geleistet. Lehrer/innen, Schüler/innen, Eltern und Nachbarn benützen ihre Freizeit zur Zusammenarbeit. Erst wenn die Arbeitsgruppen gebildet werden und die Probleme der Schule systematisch untersucht und gelöst werden, nehmen die Kader zumindestens für die wöchentlichen gemeinsamen Besprechungen Schulzeit in Anspruch.

Ressourcen werden dann wichtig, wenn Lösungsvorschläge eingebracht werden, die viel Geld kosten. In einer Schule in Los Angeles in einem der ärmsten Stadtviertel, in die nur Kinder aus Familien aus ärmsten Verhältnissen gehen, beschloß die Schulgemeinschaft, daß die Schule den Kindern auch das bieten muß, was die Kinder der Mittelklasse von ihren Familien bekommen, also Unterricht in Ballett, modernem Tanz, Musik, Drama und vor allem die Benützung von Computern. Jedes Kind sollte mit Computern selbstbewußt umgehen können, auch wenn es zu Hause wahrscheinlich nie einen Computer haben würde.

In einem Schulbezirk, in dem nur das absolut Mindeste für Schulen ausgegeben wird, war die Forderung, einen Computerraum in der

---

[5] Dieses Beispiel beruht auf persönlichen Beobachtungen und formellen Interviews mit der Sonderschullehrerin und der Direktorin.

Schule einzurichten, natürlich völlig lächerlich. Niemand hatte dafür Verständnis. Die Schule suchte also Hilfe von außen. Sie schrieben an die Bundesregierung, an Stiftungen und an große Betriebe, sie nahmen an Wettbewerben teil und bewarben sich um Geld, wo immer sie auch nur einen kleinen Hoffnungsschimmer haben konnten, erfolgreich zu sein. Um mit ihren Bewerbungen Erfolg zu haben, hatten sie eine eindrucksvolle Dokumentation zusammengestellt, die zeigte, wie arm die Schule und deren Kinder waren, aber auch, welch Reichtum an Erfahrungen es an der Schule gab und wie ernst es der Schulgemeinschaft war, ihre Traumschule zu verwirklichen. Zwei Jahre lang wurden alle Bewerbungen abgelehnt, doch die Schule gab nicht auf. Und dann kam der Erfolg: ein großer Betrieb gab der Schule $ 100.000 für ihren Computerraum. Mit diesem Geld konnte die Schule nicht nur ihr Laboratorium einrichten, sondern auch alle Lehrer/innen zu Computerexperten ausbilden lassen, so daß die Schüler/innen die beste Ausbildung von ihren eigenen Lehrern und Lehrerinnen bekommen konnten.[6]

In San Jose, um noch ein Beispiel zu nennen, hatte die Mittelschule, in der der Mathematiklehrer beweisen konnte, daß Leistungsgruppen unnatürlich waren, beschlossen, daß alle Schüler denselben Unterricht haben sollten. Die Leistungskurse für verschieden begabte Kinder sollten also abgeschafft werden, und alle Kinder sollten im sechsten Jahr allgemeine Mathematik, im siebten Jahr Einführung in die Algebra und im achten Jahr Algebra haben. Dies kann natürlich nur dann geschehen, wenn alle Mathematiklehrer/innen neue Unterrichtsmethoden anwenden können, die auch den Schülern und Schülerinnen Zugang zur Mathematik verschaffen, die nicht mathematisch-analytisch begabt sind. Der Curriculumkader, der sich dies zur Aufgabe gemacht hatte, suchte also nach Innovationen im Mathematikunterricht und fand sehr interessante Projekte an Universitäten – für die Teilnahme an diesen Projekten wurde jedoch überall Geld verlangt. Meistens waren diese Mathematikprojekte eine Verbindung von intensiven Sommerkursen mit monatlichen Treffen und anderen Veranstaltungen während der ersten Jahre. Die Kosten beliefen sich um die $ 10.000 pro Mathematikprojekt. Auch hier nahmen es die Lehrer/innen auf sich, Gesuche zu schreiben und alle möglichen Organisationen um Geld zu bitten. Im zweiten Jahr wurden sie fündig. Eine Stiftung bezahlte für die Mathematikprojekte, die von den Lehrern und Lehrerinnen ausgewählt worden waren. („Mathematik

---

[6] Dieses Beispiel beruht auf persönlichen Beobachtungen und Gesprächen mit der Schuldirektorin.

für die ganze Familie" und „Projekt: Gerechtigkeit", das Mathematik vor allem Mädchen näher bringen will.) Eine andere Stiftung gab Geld, um die Lehrer/innen zu bezahlen, die ihre Sommerferien zur Ausbildung benützten. Natürlich nahmen alle Mathematiklehrer/innen an der Ausbildung teil, denn die Veränderung war von der Vollversammlung beschlossen worden und betraf die ganze Schule.[7]

Organisation der Accelerated Schools Bewegung

Die Accelerated-Schools-Bewegung wird nicht von einer zentral gesteuerten Organisation geleitet, sondern besteht aus vielen Organisationen, die sich freiwillig zusammengeschlossen haben, um die Bewegung in ihren Bereichen einzuführen und zu unterstützen. Das Projekt hat ein nationales Zentrum an der Universität Stanford in Kalifornien unter der Leitung von Professor Henry M. Levin. Daneben gibt es zur Zeit acht regionale Zentren an Universitäten, staatlichen Ministerien und Schulbezirken in Kalifornien, Nevada, Colorado, Illinois, Louisiana, South Carolina und Massachusetts und zwei staatliche Netzwerke, in Missouri und Texas. Aber die meisten Schulen werden von Trainingsteams betreut, die vom nationalen Zentrum und den regionalen Zentren ausgebildet werden.

Training und Hilfestellungen für Accelerated Schools

Die Organisation von Training und Unterstützung der einzelnen Schulen wird in den verschiedenen Zentren der Accelerated Schools Bewegung unterschiedlich gehandhabt. Um die Schulgemeinschaften, die ihre Schule umgestalten wollen, mit Philosophie und Prozeß der Accelerated Schools vertraut zu machen, werden Trainingsteams ausgebildet, die intensiv mit den Schulen arbeiten. Diese Trainingteams sind unterschiedlich zusammengesetzt.

Das Projektteam an der Universität Stanford bildet Teams von Trainer/innen aus, die sich verpflichten, mehrere Jahre lang mit von ihnen ausgewählten Schulen zu arbeiten. Diese Teams kommen entweder

---

[7] Diese Beispiel beruht auf persönlichen Beobachtungen und Gesprächen in der Schule. Es wird in ähnlicher Form in „The Accelereted Schools Resource Guide" (1993) berichtet.

aus Schulbezirken und arbeiten dort schon an Schulentwicklungsprojekten oder sie sind Professoren und Professorinnen an Universitäten, die sich mit Lehrerausbildung befassen, oder sie arbeiten an den staatlichen Bildungsministerien in der Lehrerfortbildung. Die Trainerteams mit zwei oder drei Teammitgliedern werden in einem acht Tage langen Kurs an der Universität Stanford ausgebildet. Nach diesem Intensivkurs werden die Trainingsteams telefonisch wöchentlich betreut. Die Trainer des nationalen Teams besuchen die Trainingsteams und deren Schulen zweimal im Jahr. Am Ende des Schuljahres werden alle Trainingsteams desselben Kurses zu einem zweitägigen Seminar zum Erfahrungsaustausch nach Stanford gerufen. Diese Art von Betreuung wird mehrere Jahre aufrecht erhalten, wobei die Anzahl der Telefonanrufe abnimmt und sich nach den Bedürfnissen des Teams richtet.

In den verschiedenen regionalen Zentren an Universitäten, Schulbezirken und staatlichen Ministerien arbeiten die Projektteams entweder direkt mit Schulen, oder sie bilden auch Trainingsteams aus, die sie bei der Arbeit mit den Schulen unterstützen. So arbeitet zum Beispiel das Satellitenzentrum an der Universität von New Orleans direkt mit 17 Schulen. Diese Schulen sind schon seit zwei bis zu fünf Jahren Mitglieder des Louisiana Netzwerks für Accelerated Schools. 1994 hat das New Orleans Team angefangen, außerdem Trainingsteams aus Schulbezirken auszubilden. 13 Teams arbeiten zur Zeit mit Schulen in ihren Bezirken und helfen ihnen, Accelerated Schools zu werden. Die Schulbezirksteams haben an einem achttägigen Kurs teilgenommen – die ersten fünf Tage im Sommer und drei Tage im Winter –, nachdem sie schon mit ihren Schulen gearbeitet hatten. Sie werden durch Telefonanrufe und Schulbesuche von dem New Orleans Team betreut.

In Missouri gibt es die ältesten Accelerated Schools. Das staatliche Netzwerk hat 1987 mit acht Schulen begonnen, von denen noch jetzt sechs Schulen für sich beanspruchen, Accelerated Schools zu sein. Eine davon wurde 1994 mit einem staatlichen Preis, dem Goldstern für Missouris beste Schulen, und einem bundesstaatlichen Preis, dem Blauen Band für die besten Schulen in der Nation, ausgezeichnet. Das Accelerated-Schools-Projekt in Missouri besteht aus einem staatlichen Zentrum im Ministerium und aus drei Regionalzentren an der Universität von Missouri, die zusammen 71 Schulen betreuen.

In Missouri können sich Schulen beim Ministerium zur Teilnahme am Accelerated-Schools-Projekt bewerben. Bei ihrer Aufnahme ins Projekt bekommen sie $ 20.000 für die nächsten drei Jahre für Trainings und zur Abdeckung anderer Unkosten. Jede Schule wählt drei Trainer aus – meist der/die Direktor/in, ein(e) Lehrer/in und jemanden aus dem Schulamt –, die dann als Trainingsteam fungieren. Die Trainingsteams nehmen im Sommer an einem viertägigen Kurs teil. Danach haben sie im ersten Jahr monatlich eine Trainingssitzung und ab dem zweiten Jahr drei jährliche Treffen in ihren Regionalzentren. Einmal im Jahr kommen alle Schulen zu einer zweitägigen Klausur zusammen. Die Mitglieder der Regionalzentren besuchen alle Accelerated Schools mindestens zweimal im Jahr.

Von allen Trainingsteams – ganz gleich, wo und wie sie ausgebildet wurden – wird erwartet, daß sie den Schulen das nötige Wissen vermitteln, das sie brauchen, um ihre Schule in die Traumschule zu transformieren, die der ganzen Schulgemeinschaft als Vision vorschwebt, das heißt, sie müssen sie mit Philosophie und Prozeß der Accelerated Schools so vertraut machen, daß sie den Alltag der Schule bestimmen.

Ein Blick in die Zukunft: Neue Herausforderungen

Accelerated Schools ist eine Schulreformbewegung, die sich ständig erneuert. Das nationale Team und die Satellitenzentren sind ständig damit beschäftigt, neue Erfahrungen in den Schulen zu sammeln und auszuwerten, um damit Ausbildung und Betreuung zu bereichern. Einige der neuesten Entwicklungen werden hier nur kurz angedeutet.

Gemeinsame Reflexion durch Forschung und Evaluation

Während der ersten Jahre des Projekts wurde wenig Zeit auf die Veröffentlichung von Forschungsergebnissen und eine systematische Evaluation des ganzen Projekts verwendet. Das Team des nationalen Zentrums konzentrierte sich darauf, mehr Schulen für die Bewegung zu gewinnen sowie den Schulen und Satellitenzentren eine solide Ausbildung zu bieten, und den Schulen bei der Evaluation ihrer eigenen Projekte zu helfen. Erst in den letzten drei Jahren hat es sich das Nationalteam zur Aufgabe gemacht, Forschungen und schulübergreifende Evaluationen systematisch zu unterstützen.

Die Accelerated-Schools-Bewegung hat sich bewußt der Aktionsforschung verschrieben. Planung, Durchführung, Evaluation und die systematische Reflexion über diese Prozesse bilden in der Sicht des Projekts ein Ganzes. Die dezentralisierte Organisationsstruktur der Bewegung macht es möglich, daß alle Teilnehmer der Bewegung sich an Forschungsarbeiten beteiligen können. Das erste öffentliche

Ergebnis dieses Aktionsforschungsansatzes ist die Veröffentlichung „The Accelerated Schools Resource Guide" (1993), in der die Erfahrung von Hunderten von Schulen analysiert und systematisiert wurde, um so der Bewegung eine Art „Fibel" zu geben, in der die Transformationsprozesse detailliert beschrieben werden. Dieses Buch wird als Text für alle Ausbildungen von neuen Trainern benützt.

Auf die Initiative einiger Professoren, die an dem Projekt beteiligt sind, hat sich eine Accelerated Schools Interessengruppe innerhalb der Amerikanischen Vereinigung für Bildungsforschung (American Educational Research Association) gebildet, die während des jährlichen Treffens der Vereinigung mehrere Veranstaltungen organisiert. Dies ist ein Forum für alle Teilnehmer des Projektes. Eines der ersten konkreten Resultate dieser Veranstaltungen ist das Buch „Accelerated Schools in Action: Lessons from the Field" (1995), in dem Forschungsberichte über sehr verschiedene Probleme der Accelerated Schools veröffentlicht werden.

Dies sind erste Ansätze, die es ermöglichen sollen, möglichst viele Beteiligte zu Wort kommen zu lassen. Als nächster Schritt ist eine nationale Accelerated-Schools-Konferenz geplant, die von verschiedenen Satellitenzentren gemeinsam organisiert werden soll. Auf dieser Konferenz sollen möglichst viele Schulteams ihre Aktionsforschungsergebnisse vorstellen, denn es ist im Sinne des Accelerated Schools Projekts Kopfarbeit und Handarbeit nicht voneinander zu trennen. Schulgemeinschaften, Trainer, Satellitenzentren und das nationale Zentrum sind gleichwertige Partner in der Produktion neuen Wissens.

Ein Bereich, an dem Schulgemeinschaften, Trainer und Satellitenzentren zur Zeit gemeinsam arbeiten, ist die Evaluation des Projekts in seinen verschiedenen Stadien und Teilbereichen. Schulen sind natürlich besonders daran interessiert, was innerhalb ihrer Schule passiert. Sie wollen konkrete Daten über ihre eigenen Fortschritte haben, vor allem in Bezug auf bessere Leistungen ihrer SchülerInnen – aller SchülerInnen – nicht nur derer, die traditionell den schulischen Erwartungen entsprechen. Evaluationsvorschläge werden deshalb zur Zeit sehr ernst genommen. Das Nationalteam hat sich entschlossen, mit einer sehr erfahrenen Evaluationsfirma – Manpower Demonstration Research Corporation – zusammenzuarbeiten und eine Evaluation auf nationaler Ebene durchzuführen.

Daneben sind zur Zeit alle Satellitenzentren und staatlichen Netzwerke mit Evaluationen beschäftigt. Zum Beispiel haben sich die Zentren von South Carolina und Louisiana zusammengeschlossen und sind dabei, zwei Evaluationen auszuarbeiten. Eine Evaluation für die pädagogischen Hochschulen, die es den Schulen ermöglichen soll, festzustellen, inwieweit sie ihre Studentinnen und Studenten so ausbilden, daß sie sich erfolgreich in eine Schulkultur einleben können, die von ihren Mitgliedern fordert, sich ständig zu erneuern, eine Schulkultur, in der SchülerInnen, LehrerInnen, Familien und Gemeindemitglieder als Kollegen und Partner zusammenarbeiten und auf ein gemeinsames Ideal zustreben, das sich mit der Zeit ständig weiterentwickelt. Die zweite Evaluation ist für Accelerated Schools bestimmt. Sie wird aus einem System bestehen, das den Schulen hilft, sich selbst zu evaluieren. Das System hat drei Teile. Zuerst können Schulen analysieren, inwieweit Philosophie und Prozeß der Accelerated Schools im alltäglichen Leben ihrer Schule Ausdruck finden. Der zweite Teil prüft, welche Veränderungen dank des Accelerated Schools Projekts in der Schule stattgefunden haben, vor allem die Veränderungen, die es den SchülerInnen erleichtern, schulischen Erfolg zu haben. Schließlich wird die Evaluation auch die Hilfeleistungen der Satellitenzentren überprüfen.

In Illinois wurden alle Accelerated Schools auf Ansuchen des Unterrichtsministeriums im letzten Jahr von einer unabhängigen Evaluationsfirma untersucht. Die Evaluation hatte einen traditionellen quasi-experimentellen Entwurf, in dem Accelerated Schools mit traditionellen Schulen verglichen wurden. Die Evaluationsergebnisse zeigten, daß Accelerated Schools demokratischer waren und ein besseres Arbeitsklima hatten. Aber es gab keinen erheblichen Unterschied zwischen den Leistungen der SchülerInnen von beiden Schultypen, gemessen an den nationalen Testergebnissen. Die Accelerated Schools in Illinois waren nicht beeindruckt von dieser Evaluation. Sie fanden, daß diese Art von Vergleich unsinnig ist, denn als Accelerated Schools wollen sie an ihrer eigenen Vision gemessen und nicht mit anderen Schulen verglichen werden.

Um einer solchen Evaluation des Ministeriums zuvorzukommen, ist das Missouri Projekt dabei, eine zweiteilige Evaluation auszuarbeiten. In der ersten Etappe mißt die Evaluation, wie sich die Schulkultur verändert hat, und in einer zweiten Etappe werden die Fortschritte gemessen, die die Schulen in Richtung ihrer Vision machen. Diese zweite Etappe schließt Schülerleistungen mit ein. Die Evaluationsinstrumente werden sich aber nicht auf nationale Testergebnisse beschränken, sondern Noten, Schülerarbeiten und schuleigene Leistungstests miteinbeziehen.

Kommunikation durch Vernetzung

Das Nationalzentrum und die Satellitenzentren sind auch für die Sammlung, Analyse und Verteilung von Informationsmitteln und die

Erstellung eines Netzwerkes aller Accelerated Schools zuständig. Das nationale Team ist dabei, ein Dokumentationszentrum aufzubauen, in dem Forschungsarbeiten und Evaluationen von Accelerated Schools dokumentiert werden und alle Veröffentlichungen über die Schulen und das Projekt im allgemeinen gesammelt und an Interessenten verschickt werden.

Seit 1990 hat das Projekt eine Zeitschrift veröffentlicht, die dreimal im Jahr konzeptuelle und praktische Fortschritte der Reformbewegung beschreibt. Diese Zeitschrift wird zur Zeit an alle Accelerated Schools verteilt und von 15 000 Erzieher/innen und Pädagogen gelesen. Auf regionaler Ebene gibt es auch Zeitschriften und Broschüren der verschiedenen Satellitenzentren, die es den Schulen ermöglichen, Neuigkeiten im Projekt zu erfahren.

Viele Satellitenzentren und Schulen beginnen damit, modernere Kommunikationsformen für ihre Netzwerke zu benützen. Sie bringen professionelle Videos heraus, in denen sie ihre Schulen charakterisieren. Viele Schulen sind auch schon an Computernetze angeschlossen und unterhalten sich über e-mail. Die Satellitenzentren sind dabei, ihre home pages im World Wide Web zu gestalten. Noch aber sind das Telefon, die Faxmaschine und lokale und regionale Treffen die gängigsten Medien, um mit Kollegen und Kolleginnen in Kontakt zu treten.

Engagement der Schulbezirke

Eine der neuesten Entwicklungen im Projekt ist die Entscheidung von Schulbezirksbüros, alle Schulen ihres Bezirks einzuladen, Accelerated Schools zu werden. Einige kleinere Schulbezirke mit zwei bis zu fünf Schulen waren schon seit den ersten Jahren mit allen Schulen beteiligt. Aber in den meisten größeren Schulbezirken gab es nie mehr als fünf Accelerated Schools. Der Schulbezirk von St. Joseph, Missouri, ist der erste größere Bezirk, in dem 17 Schulen gleichzeitig an der Accelerated-Schools-Ausbildung teilgenommen haben. Diese massive Transformation bringt neue Dimensionen in das Projekt. Schulbezirke, die dem Projekt zwar wohlwollend, aber passiv zugestimmt haben, sind meist wenig engagiert, den Accelerated Schools unter ihrer Leitung zu helfen. Ein Schulbezirk mit vielen Schulen, die gleichzeitig demokratische Entscheidungsstrukturen entwickeln und eine kollegiale Schulkultur aufbauen, können es sich aber nicht leisten, passiv zu bleiben. Ihre Schulen verlangen eine neue Art von Engagement und Hilfestellung. In den nächsten Jahren werden mehr Bezirke dem Beispiel von St. Joseph folgen. Die Effekte dieser massiven Beteiligung werden sicher Teile des Accelerated Schools Modells verändern.

Strategische Planung der Bewegung

Wenn ein Projekt in zehn Jahren von zwei Schulen auf 700 Schulen wächst, ist es nicht leicht, den Überblick zu behalten. Das National-center hat deshalb ein Forschungsprojekt eingeleitet, in dem es die Philosophie und der Prozeß des Accelerated-Schools-Projektes beleuchtet, um Gegenwart und Zukunft der Bewegung zu erfassen. In der ersten Phase des Projekts hat das Nationalteam eine großangelegte Inventur der ganzen Reformbewegung gemacht, in dem es als Team die verschiedenen Bereiche des Projekts aufgelistet und dann für jeden Bereich Fragen erstellt hat. Diese Fragen wurden an alle Schulen geschickt mit der Bitte, sie gemeinsam als Schulgemeinschaft in den Arbeitsgruppen zu beantworten. Dazu wurden hunderte von Trainern und die Teams aller Satellitenzentren interviewt. Zur Zeit ist das Nationale Zentrum damit beschäftigt, die Informationen auszuwerten, um den Ist-Zustand der Bewegung festzustellen.

Gleichzeitig hat das Nationalteam mit dem Visionsprozeß begonnen. Es hat zuerst innerhalb des Teams eine gemeinsame Vision erarbeitet und ist jetzt bemüht, Fokusgruppen zu bilden, mit deren Hilfe Visionen aller Mitglieder der Bewegung erfaßt werden sollen, um dann zu einer gemeinsamen Vision der ganzen Bewegung zu kommen. Als nächster Schritt wird dann die Ist-Situation der Bewegung mit dieser Vision verglichen, und die nötigen Veränderungen werden aufgelistet. Wie in den Schulen wird dann das Nationalzentrum gemeinsam mit Schulen und Satellitenzentren Prioritäten setzten und an diesen Prioritäten arbeiten.

Zusammenfassung

Das Accelerated-Schools-Projekt ist kein Schulentwicklungspro-gramm, keine Rezeptliste und keine vorübergehende Modeerschei-nung, sondern eine Philosophie und ein Prozeß, die es Schulen er-möglicht, ihre eigene Intiative und Kreativität zu nutzen, um sich zu verändern. Accelerated Schools sind eine langfristige Investition in die Zukunft der Institution Schule, die viel Zeit und Energie kostet und zu der sich die ganze Schulgemeinschaft gemeinsam verpflichtet fühlen muß. Philosphie und Prozeß der Accelerated Schools bieten Schulgemeinschaften neue Denkmöglichkeiten und neue Wege zur Zusammenarbeit, die sich von den traditionellen Schulprozessen und Schulstrukturen wesentlich unterscheiden. Wenn die Praxis der Ac-celerated Schools erst einmal in einer Schule zur Gewohnheit geworden und Teil ihrer Schulkultur ist, dann sind der Kreativität der Schulgemeinschaft keine Grenzen gesetzt. Accelerated Schools sind „lernende Organisationen", die fähig sind, sich ständig selbst zu erneuern. Alle Accelerated Schools bilden eine Schulreformbewegung, die den einzelnen Schulen Unterstützung und Hilfestellung bietet. Diese Bewegung wird von einem nationalen Zentrum an der Universität Stanford und einer Gruppe von Satellitenzentren an anderen Universitäten, staatlichen Bildungsministerien oder Schulbezirken koordiniert. Kommunikation mit den verschiedensten Medien, Forschung und Evaluation helfen diesen Zentren, ständig in Kontakt mit den Schulgemeinschaften zu bleiben und von ihnen zu lernen. Philosophie und Prozeß der Accelerated Schools helfen auch der ganzen Bewegung, sich ständig zu erneuern und mit einer gemeinsamen Vision ihre Zukunft zu gestalten.

Literatur:

Brunner, I./Hopfenberg W., The Interactive Production of Knowledge in Accelerated Schools, in: C. Finnan/E. St. John, J. McCarthy/S. Slovacek, Accelerated Schools in Action: Lessons from the Field, Thousand Oaks 1995

Brunner, I./LeTendre, B./Heelen, A., Accelerated Schools as Learning Organizations: The Revitalization of Pioneer Schools. in: C. Finnan, E. St. John, J. McCarthy, S. Slovacek, Accelerated Schools in Action: Lessons from the Field, Thousand Oaks 1995

Chasin, G./Levin, H.M., Thomas Edison Accelerated Elementary School, in: J. Oakes/K. H. Quartz (Hrsg), Creating New Educational Communities, School, and Classrooms Where All Children Can Be Smart, Chicago 1994

Christensen, Georgia, The Changing Role of the Principal in the Move from a Traditional School to an Accelerated School, in: Stanford: National Center for Accelerated Schools, 1993

Driver, C., W. Hopfenberg, V. Thorp., Accelerated Districts – The Next Step. A Summary of Research and Design, Skript für die AERA Konferenz in San Francisco 1995

Finnan, C., Studying an Accelerated School: Schoolwide Cultural Therapy, in: George and Louise Spindler, Pathways to Cultural Awareness: Cultural Therapy with Teachers and Students, Thousand Oaks 1992

Finnan, C. / John, E. St. / McCarthy, J. / Slovacek, S., Accelerated Schools in Action: Lessons from the Field, Thousand Oaks 1995

Hopfenberg, W./Levin, H. & Associates, The Accelerated Schools Resource Guide, San Francisco 1993

Hopfenberg, W., „The Accelerated Middle School: Moving from Concept toward Reality." Skript für die AERA Konferenz in Chicago 1991

Keller, B., Accelerated Schools: Hands-On Learning in a Unified Community, in: Educational Leadership. ASCD (1995) Volume 52. Number 5. February

LeTendre, B./Solomon, J., Stage One in Evaluating Missouri's Accelerated Schools: Gauging How Well Schools Have Embraced the Philosophy and Process of Accelerated Schools. Skript für die AERA Konferenz in San Francisco 1995

Levin, H. M., Empowerment Evaluation and Accelerated Schools, National Center for the Accelerated Schools Project, Stanford University 1994. Unpublished

Levin, H. M. Doing What Comes Naturally: Full Inclusion in Accelerated Schools. Skript für die „Wingspread" Konferenz, National Center on Educational Restructuring and Inclusion. 1994

Levin, H. M., „Learning From Accelerated Schools." in: J. H. Block/ S. T. Everson/T. R. Guskey, Selecting and Integrating School Improvement Programs, New York 1993

Levin, H. M., Building School Capacity for Effective Teacher Empowerment: Applications to Elementary Schools with At-Risk Students, New Brunswick, NJ 1991, Consortium for Policy Research in Education.

Levin, H. M., „Accelerated Schools for At-Risk Students.", CPRE Research Report Series RR-010. 1988, Bloomington: Center for Policy Research in Education.

McCarthy, J./Still, S., Hollibrook Accelerated Elementary School, in: Restructuring Schooling: Learning from Ongoing Efforts, Thousand Oaks 1993

Plog, M. & J. Perkins, Unfulfilled Expectations: Evaluation of a Restructuring Effort in Illinois. Skript für die AERA Konferenz in San Francisco 1995

Harald Ludwig

Kosmische Erziehung und ökologisch orientierte Schulpädagogik – Zur ökologischen Perspektive in der Pädagogik Maria Montessoris

I. Ökologie und Pädagogik – Zur Geschichte einer Beziehung

Die Notwendigkeit, unsere Umwelt zu schützen und zu erhalten und auch durch Erziehung zu einem geschärften Umweltbewußtsein beizutragen, dürfte heute weithin unbestritten sein. Selbst Begriffe wie „Ökologie" und „ökologisch" erfreuen sich einer weiten Verbreitung in der Öffentlichkeit. Wir könnten geneigt sein, zu vergessen, daß diese Expansion ökologischer Betrachtungsweisen erst seit etwas mehr als zwei Jahrzehnten in dieser Form in Gang gekommen ist. Vorher war der Begriff „Ökologie" nur kleinen Kreisen von Fachleuten bekannt, obwohl er schon vor über 100 Jahren geprägt wurde.

Der Begriff „Ökologie" entstammt der Biologie. Im allgemeinen wird auf den Jenaer Professor für Zoologie Ernst Haeckel (1843 –1919) als denjenigen verwiesen, der die Ökologie als biologische Wissenschaft begründet habe. In seinem 1866 erschienen Werk „Generelle Morphologie der Organismen" definiert er „Oecologie" als „die gesamte Wissenschaft von den Beziehungen der Organismen zur umgebenden Außenwelt" (zit. nach Mertens 1989, S. 31). Für Haeckel stand dabei die Erforschung der Wechselbeziehungen zwischen einzelnen Arten und ihrer Umwelt im Blick. Erst seit Anfang unseres Jahrhunderts entwickelte sich ein umfassenderes Verständnis von Ökologie als „Lehre vom Haushalt der Natur", wobei man die Beziehungen der Organismuskollektive untereinander und zu ihrer abiotischen Umwelt als systemhaftes Ganzes zu erfassen versuchte. Es geht demnach bei der ökologischen Betrachtungsweise um die Erkenntnis des Funktionszusammenhangs von vernetzten Systemen. Man könnte auch formulieren, Ökologie sei die Lehre von den Ökosystemen. Für diese sind u. a. die Fähigkeiten zur Selbstregulierung und die Bewahrung von mehr oder weniger stabilen Gleichgewichtszuständen unter natürlichen Bedingungen charakteristisch. Bei der ökologischen Denkform handelt es sich mithin um eine ganzheitliche Betrachtungsweise, in der Wechselwirkungen eine zentrale Rolle spielen im Unterschied zu linearen Ursache-Wirkungs-Beziehungen.

Aus der Biologie wurde diese Betrachtungsweise schon vor Jahrzehnten in die Soziologie und die Psychologie übertragen. So sprach der amerikanische Soziologe R. E. Park bereits 1936 von „Human Ecology". Der Psychologe Kurt Lewin arbeitet mit entsprechenden Denkformen schon in den 30er Jahren und prägte 1943 den Begriff „Psychologische Ökologie". Das besondere Interesse gilt hierbei der Nahtstelle zwischen Personen und Umwelt (vgl. Kleber 1985).

Nicht so neu wie wir vielfach meinen, sind auch Klagen über die verhängnisvollen Eingriffe, vor allem des neuzeitlichen Menschen, in die Natur. So lesen wir zum Beispiel in einem Text mit dem Titel „Mensch und Erde" eine scharfe Kritik des weit verbreiteten Fortschrittsglaubens. „Wo aber der Fortschrittsmensch die Herrschaft antrat, deren er sich rühmt", heißt es dort, „hat er ringsumher Mord gesät und Grauen des Todes… Unter dem schwachsinnigsten aller Vorwände, daß unzählige Tierarten ‚schädlich' seien, hat er nahezu alles ausgerottet, was nicht Hase, Rebhuhn, Reh, Fasan und allenfalls noch Wildschwein heißt… Die Robbenbänke der Ost- und Nordsee (sind) der Vertilgung preisgegeben… Der wirkliche Hochwald… geht auf dem ganzen Erdball seinem Ende entgegen… Die Rodung der Urwälder ist nackter Frevel… Die Italiener fangen und morden auf grausame Weise alljährlich Millionen an ihren Küsten erschöpft einfallender Zugvögel. … Noch weit grauenvollere Verheerungen richtet die Mode an… ‚Man darf annehmen, daß jedes Jahr nicht weniger als dreihundert Millionen Vögel für die Frauenmode geopfert werden.' …Es braucht nicht betont zu werden, daß alle aufgezählten Arten und viele andere… dem Aussterben nahe sind. Und das gleiche Schicksal droht kurz oder lang allen Tiergeschlechtern, soweit sie der Mensch nicht gezüchtet oder verhäuslicht hat. …Die Milliarden Pelztiere … erliegen den Exzessen der Mode. Seit im Jahr 1908 in Kopenhagen eine Aktiengesellschaft entstand ‚zum Betrieb von Walfischfang in großem Stil und nach einer neuen Methode', nämlich mit schwimmenden Fabriken, welche die erlegten Tiere sogleich verarbeiten, wurden im Laufe der beiden folgenden Jahre rund fünfhunderttausend dieses größten Säugers der Erde hingeschlachtet, und der Tag ist nahe, wo der Wal der Geschichte und – den Museen angehört. …Schrecklicher noch, als was wir bisher gehört, wenn auch vielleicht nicht ganz im gleichen Maße unverbesserbar, sind die Wirkungen des ‚Fortschritts' auf das Bild besiedelter Gegenden" (Klages 1920, S. 17 ff).

Der Autor bringt Beispiele für die landschaftszerstörende Siedlungsweise des modernen Menschen und die verhängnisvollen Folgen der Industrialisierung für die Natur und formuliert: „Wälder von Schloten steigen... empor, und die giftigen Abwässer der Fabriken verjauchen das lautere Naß der Erde". Auch der moderne Tourismus wird nicht ausgespart: „Was aber das heuchlerische Naturgefühl der sogenannten Touristik anlangt, so brauchen wir wohl kaum noch auf die Verwüstungen hinzuweisen, welche die ‚Erschließung‘ weltfremder Küsten und Gebirgstäler nach sich zog. Um die Blüte dieser Greuel zu genießen, bereise man die Schweiz, wo kein Gipfel so hoch und ernst ist, daß ihn nicht die Zahnradbahn erklömme, um dort oben in ‚erstklassige‘ Hotels mit ‚allem modernen Komfort‘ das Reisegesindel auszuladen, damit es vor oder nach dem Diner ‚ganz nach Wunsch‘ Alpenglühen, Sonnenuntergänge, elektrisch beleuchtete Wasserfälle begaffe!" Schließlich hat die Zerstörungswut des zivilisatorischen Fortschritts auch die Menschheit selbst nicht verschont. Der Verfasser verweist auf die Vernichtung zahlreicher Naturvölker in allen Kontinenten, selbst in Europa, wo man – wie es wörtlich heißt – „soeben ... gleichmütig zusah, wie sein letztes Urvolk, die Albaner ... von den Serben zu Tausenden und Abertausenden planmäßig umgebracht wurden" (ebd., S. 26 ff.)
Die Aktualität dieser teilweise vielleicht überspitzten Anklagen, die vor über 80 Jahren vorgebracht wurden, mag uns erschrecken. Dieser Text wurde im Jahr 1913 von dem Psychologen und Philosophen Ludwig Klages (1872-1956) erstmals in der Festschrift der Freideutschen Jugend zur berühmten Jahrhundertfeier der Freiheitskriege auf dem Hohen Meißner veröffentlicht, gehört also in den Umkreis der Jugendbewegung und der Kulturkritik der damaligen Zeit. Bei Klages verbindet sich diese kritische Sicht gegenüber der industriegesellschaftlichen Entwicklung mit einer Rückwendung zur Romantik – gerne zitiert er romantische Dichter wie Eichendorff – und mit einer vom Irrationalismus genährten Technik- und Wissenschaftsfeindlichkeit. „Der Geist als Widersacher der Seele" lautet bezeichnenderweise der Titel seines in den 20er Jahren erschienen Hauptwerkes.
Solche kulturkritischen und irrationalen Tendenzen finden nicht selten ihren Niederschlag in der frühen Reformpädagogik der damaligen Zeit. Wandervogel und Landerziehungsheime tragen in ihrem Ursprung Züge einer Abwendung von der Industriegesellschaft und ihrer „Asphaltkultur". Man bemüht sich um Überwindung der intellektualistischen Einseitigkeit der traditionellen Schule und ihres Unterrichtsbetriebs, erstrebt ganzheitliche Erziehungs- und Bildungsformen, mißt dem Gemeinschaftserlebnis hohe Bedeutung zu, ver-

fällt aber dabei leicht antiintellektualistischen und antiindividualistischen Affekten. Ein zentrales Anliegen ist es, den Menschen wieder in ein ungebrochenes Verhältnis zur Natur zu bringen. Nur wenige erkennen aber zunächst, daß eine Haltung der bloßen Negation der industriegesellschaftlichen Entwicklung und der Versuch der Restauration früherer Verhältnisse zum Scheitern verurteilt sind. Indessen finden sich vornehmlich in der späteren Reformpädagogik nicht zuletzt unter dem Eindruck der Erfahrungen des 1. Weltkriegs auf breiterer Basis kritische Revisionen der ursprünglichen Ausrichtung und Ansätze zu einer positiven Auseinandersetzung mit den modernen Entwicklungen, zumal deutlich wird, daß es keine heilen Reservate mehr gibt, in die man sich zurückziehen kann.

In diese kritische Spätphase der Reformpädagogik gehören die Überlegungen, die Maria Montessori unter der Bezeichnung „Kosmische Erziehung" etwa seit 1935 vorträgt. Die Bedeutung dieser Konzeption ihres Spätwerks für ein Gesamtverständnis ihres pädagogischen Denkens erscheint mir bisher immer noch zu wenig beachtet. Ich stimme in dieser Hinsicht dem leider viel zu früh verstorbenen österreichischen Kollegen Leopold Kratochwil zu, für den die Dimension des Kosmischen „gleichsam der Schlüssel ist, welcher das Verständnis des Gesamtwerks Montessoris im Sinne einer Re-konstruktion aufschließt" (1991, S. 70). Ich vertrete die Ansicht, daß Montessori in ihrem Konzept der „Kosmischen Erziehung" nicht nur einen Sektor ihrer Pädagogik und Didaktik neben anderen entworfen, sondern den *integrierenden Schlußstein für ihr pädagogisches Denken* gefunden hat. Sie selbst bezeichnet ja auch ihr Programm einer kosmischen Erziehung als den „Grundstein der Schulerziehung" (1988, S. 42). Kosmische Erziehung ist gewissermaßen – um ein anderes Bild zu gebrauchen – die zentrierende Achse des schulischen Gesamtprogramms, ja der Erziehung- und Bildungsbemühungen überhaupt und von höchster Aktualität. Auch andere Reformpädagogen – zum Beispiel die Gründer der Landerziehungsheime, Peter Petersen oder Rudolf Steiner – haben sich bemüht, in ihren Konzepten Mensch und Natur miteinander zu versöhnen, was im einzelnen noch einer Aufarbeitung bedarf. Aber Maria Montessori scheint die einzige zu sein, die sich dabei bewußt ökologischer Denkformen bedient und diese zur Grundlage eines neuen Bildungskonzeptes macht.

Dies gilt es näherhin aufzuzeigen. Wenden wir uns also dem zweiten Hauptteil meiner Ausführungen zu.[1]

---

[1] Im folgenden greife ich teilweise Gedanken und Formulierungen meiner Abhandlung von 1992 (s. u.) wieder auf. Klammerbelege mit Jahreszahl ohne Namen verweisen auf Werke Montessoris.

II. „Kosmische Erziehung" als ökologisch orientiertes, integrierendes Unterrichts- und Erziehungskonzept bei Maria Montessori

1. Ökologisches Denken bei Maria Montessori

Maria Montessori gehört zu dem kleinen Kreis von Fachleuten, denen schon lange vor der ökologischen Wende des öffentlichen Bewußtseins seit Beginn der siebziger Jahre der Begriff der Ökologie und die ökologische Denkform vertraut waren. Montessori ist in ihrem Denken sehr stark von der Biologie her beeinflußt und hat die Entwicklung dieser Wissenschaft zeitlebens mit größtem Interesse verfolgt. In der *Nutzung von Denkformen der Biologie* liegt eine besondere Stärke, aber auch eine Schwäche ihres pädagogischen Denkens. So nimmt es nicht wunder, daß sie sich in Texten aus den dreißiger und vierziger Jahren ausdrücklich auf die „Ökologie" als „eine neue spezielle Wissenschaft" beruft, „die das Übereinstimmen unter den Lebewesen studiert" und „die gegenseitigen Funktionen des Verhaltens" erklärt (1988, S. 21). Im Unterschied zur bisherigen Betrachtungsweise stützt sich die Ökologie nicht auf die besonderen Charakteristika der Arten, sondern „auf die Beziehungen unter den Lebewesen". Sie zeigt insbesondere die Bedeutsamkeit von Gleichgewichtszuständen in der Natur auf.

Aus solchen Erkenntnissen ergeben sich neue Handlungsmöglichkeiten für den Menschen. Mit Hilfe ökologischer Vorgehensweisen kann der Mensch Störungen von natürlichen Gleichgewichten, die er selbst durch sein Eingreifen in die Natur hervorgerufen hat, wieder beseitigen. So denkt Montessori etwa an eine ökologisch orientierte Landwirtschaft und empfiehlt Methoden biologischer Schädlingsbekämpfung: „Wenn zum Beispiel", heißt es bei ihr, „ein Gebiet vor eingeführten Pflanzen beschützt werden soll, die zu sehr um sich greifen und gegen die auch der Mensch machtlos ist, wendet man sich an die Ökologie, die die Insekten angibt, die eingeführt werden müssen, da sie in der Lage sind, die Pflanze zu zerstören und so das nötige Gleichgewicht herzustellen". Insofern ist die Ökologie für Montessori „eine praktische Biologie" (1978, S. 50 f.). Montessori beschränkt diese Betrachtungsweise nicht auf einzelne biologische Zusammenhänge, sondern wendet sie auf die Erscheinungsweisen des Lebens überhaupt an, auf die Gesamtheit der lebenden Organismen, für die sie die Bezeichnung *„Biosphäre"* benutzt. „Jede Art", formuliert sie, „wirkt für das Ganze, und vom Werk eines jeden hängt die Lebensmöglichkeit des Ganzen ab. Diese kosmischen Aufgaben sind weise unter allen Verhaltensformen verteilt worden, die unwiderstehlich zu einer bestimmten Aufgabe drängen, welche der Gemeinschaft dient. Die Ökologie ist eine neue Wissenschaft, die diese Wechselbeziehungen studiert" (1988, S. 20f. [Text von 1935]; vgl. ebd., S. 57 ff.). So besteht in der Natur im Reich des Lebendigen ein weltweites sich stets erneuerndes und umgestaltendes Gleichgewicht, eine Harmonie, und es ist keinesfalls gleichgültig für das Ganze, was mit einem Teilelement geschieht. „Heute weiß zum Beispiel jeder", heißt es hierzu wiederum bei Montessori, „daß das Aussterben einer Tierart an einem bestimmten Ort die Harmonie stört, denn, ich wiederhole, das Leben der einen steht in Beziehung zum Leben der anderen" (1973, S. 108). Man mag bezweifeln, ob im Jahr 1937, als Montessori diese zuletzt angeführten Worte in einem ihrer Vorträge beim internationalen Montessori-Kongreß zum Thema „Erziehung für den Frieden" in Kopenhagen formulierte, wirklich *jeder* von den angesprochenen Zusammenhängen wußte. Eher greift die italienische Pädagogin hier, wie auch sonst nicht selten, in ihrer visionären Art in die Zukunft voraus und sieht Erkenntnisse bereits allgemein verbreitet, die damals wohl nur einer zahlenmäßig kleinen Avantgarde vorbehalten waren.

Entsprechend der ökologischen Sichtweise dehnt Montessori ihre Betrachtung noch weiter aus. Zur ökologischen Perspektive gehört es – wie ich anfangs darlegte-, in die Betrachtung biologischer Zusammenhänge auch abiotische Elemente einzubeziehen. So sieht auch Montessori die Biosphäre in engstem Zusammenhang zur anorganischen Welt, der *Geosphäre*. Auch hier bestehen vielfältige Wechselbeziehungen. Wasser und Luft etwa sind fundamentale Voraussetzungen des Lebens. Umgekehrt ist die Reinheit von Wasser und Luft abhängig vom Wirken zahlreicher Pflanzen und Tiere. Nicht zuletzt ist der Mensch abhängig von der Bewahrung hier bestehender Gleichgewichte. „Manche Menschen", heißt es in Montessoris 1948 erschienener Schrift „To educate the human potential", „sind beunruhigt über die Gefahr, die der Erde durch die Abkühlung der Sonne oder eine mögliche Kollision mit einem Kometen droht. Aber diese Risiken sind fernliegend und sekundär, verglichen mit dem Mangel an Wasser und Luft... Über ihre Reinheit muß gewacht werden" (1988, S. 61).

Wie sich in diesen Worten schon andeutet, erweitert Montessori die ökologische Betrachtungsweise über den Bereich der Erde hinaus und wendet sie auf das ganze *Universum* an. So lesen wir in dem schon erwähnten Text von 1948: „Die Sterne, die Erde, die Gestirne, alle Formen des Lebens bilden in enger Beziehung untereinander ein Ganzes; und so eng ist diese Beziehung, daß wir keinen Stein begreifen können, ohne etwas von der großen Sonne zu begreifen! Keinen Gegenstand, den wir berühren, ein Atom oder eine Zelle, können wir erklären ohne Kenntnis des großen Universums" (1988, S. 42). Über die Ökologie hinausgehend bezieht Montessori für diese universale Sichtweise Anregungen insbesondere aus dem Werk ihres Onkels, des Priestergelehrten Antonio Stoppani. Darauf haben insbesondere Paul Oswald (1977; 1989a und b) und Günter Schulz-Benesch (1980) aufmerksam gemacht. Der Geologieprofessor Stoppani hatte ein Buch mit dem Titel „Acqua ed Aria" geschrieben, in dem er naturwissenschaftliche Erörterungen eingebettet in eine teleologische Weltsicht bietet. Montessori hat auf dieses Werk ausdrücklich als eine ihrer Quellen verwiesen (1979a, S. 55).

Die umfassende Weltsicht, zu der Montessori ihre Überlegungen ausbaut, bezeichnet sie als *„Kosmische Theorie"*. Diese bildet – wie sie selbst betont – den Hintergrund für ihr Konzept der „Kosmischen Erziehung" (vgl. 1988, S. 19). Diese „Kosmische Theorie", in welche die ökologischen Denkformen bei Montessori integriert werden, ist nun noch näher darzustellen.

2. Maria Montessoris „Kosmische Theorie"

Zentrales Element der „Kosmischen Theorie" Montessoris ist neben der bereits dargestellten ökologischen Sichtweise die *Evolutionstheorie*. Dabei lassen sich zwei große Bereiche unterscheiden, die in enger Wechselwirkung zueinander stehen: die *Evolution der Natur* und die *Evolution von Menschheit und Kultur.*

Betrachten wir zunächst den *ersten Bereich*: die Evolution der Natur. Montessori entwickelt eine umfassende Sicht des Universums als einer dynamischen Einheit, in der in vielfältigen Wechselbeziehungen alles mit allem verknüpft ist. Dies gilt sowohl in der vertikalen Dimension des Entstehens von Welt, Erde, Leben, Mensch und deren Weiterentwicklung in die Zukunft hinein als auch in der horizontalen Dimension des gegenwärtigen Zusammenhangs des Universums. Im Unterschied zu Darwins Evolutionstheorie, welche die Zweckmäßigkeit des Bestehenden aus dem Bestand des Zweckmäßigen zu erklären versucht hatte, sieht Montessori in der gesamten Natur die Wirksamkeit eines „kosmischen Plans", nach dem sich alles entwickelt. Montessori vertritt also wie ihr Onkel Stoppani eine teleologische Weltsicht.

Sie verbindet diese teleologische Auffassung des Universums mit einer religiös-theologischen Deutung, nach der die in der Entwicklung der Natur wirksamen Kräfte letztlich göttlichen Ursprungs sind. Die

Welt ist für Montessori – theistisch interpretiert – Schöpfung Gottes. Schöpfung vollzieht sich allerdings nicht als einmaliger Akt, sondern als fortlaufender Prozeß, als creatio continua. Gleichwohl wird die Eigenwirksamkeit der Dinge in ihrem wechselseitigen Zusammenhang von dieser metaphysischen Deutung nicht außer Kraft gesetzt und bleibt wissenschaftlicher Erkenntnis zugänglich. Montessori legt Wert auf diese Unterscheidung. Sie läßt auch andere Interpretationen der Teleologie des Universums offen, wie sie etwa in östlichen Religionen vorgenommen werden. Montessori selbst hält in ihren Ausführungen allerdings oft keine klaren Grenzen ein zwischen wissenschaftlich fundierten Aussagen und ihrer religiös-weltanschaulicher Interpretation. Hier verbindet sie gedanklich manches mit dem französischen Jesuitenpater und Naturwissenschaftler Teilhard de Chardin. Ähnlich wie dieser deutet Montessori die das Universum zutiefst durchwaltende Kraft als „Liebe" und bezeichnet diese als „die größte Energie des Universums". „Liebe" ist für Montessori die lenkende Kraft der Evolution (1978, S. 262; vgl. ebd., S. 264 f.).

Wenden wir uns nun dem *zweiten Bereich* zu: der Evolution von Menschheit und Kultur. Dem Menschen kommt innerhalb des Evolutionsprozesses eine besondere Bedeutung zu. Einerseits ist er selbst aus dem Evolutionsgeschehen hervorgegangen. Andererseits erreicht mit seinem Auftreten die Evolution eine neue Qualitätsstufe. Zwar ist der Mensch biologisch gesehen „verhältnismäßig schwach, nackt, wehrlos und körperlich vielen anderen Säugern gegenüber im Nachteil. Aber ihm ist in reichem Maße Intelligenz gegeben" (1988, S. 87), über die er frei und verantwortlich verfügen kann. Er besitzt die Fähigkeit, zwischen Gut und Böse unterscheiden zu können und zu müssen. Im Unterschied zum Tier ist er in seinem Verhalten nicht festgelegt, sondern besitzt eine unbegrenzte Anpassungsfähigkeit und Weltoffenheit. Es gibt „für den Menschen keine Prästabilierung". Vorgegeben sind lediglich „Potentialitäten". Postnatale Embryonalzeit und lange Kindheit sind Ausdruck dieser Sonderstellung des Menschen (vgl. 1978, S. 52; 55; 65 ff, 90). Diese anthropologischen Bestimmungen erinnern an Auffassungen, wie wir sie bei Anthropologen wie Arnold Gehlen und Adolf Portmann finden.

Der Mensch muß sich in aktiver Auseinandersetzung mit der Umwelt selber aufbauen. Eine Deutung dieses Geschehens als eines bloßen Reifungsprozesses in Analogie zur körperlichen Entwicklung lehnt Montessori als „zu biologisch" ab (1978, S. 87). Denn der Mensch ist ein kulturschaffendes und kulturabhängiges Wesen. Er ist dazu bestimmt, formuliert sie, „eine große Aufgabe auf der Erde zu erfüllen. Er muß sie umbilden, sie erobern und benutzen, um eine wunderbare *neue Welt* aufzubauen, die die Wunder der Natur übertrifft und über sie hinausgeht. Der Mensch „schafft die Kultur" und zwar „vom ersten Augenblick seines Erscheinens auf der Erde an" (1966, S. 94). Um dieses Verschränkungsverhältnis der Kultur mit der Natur und zugleich die Überlegenheit der vom Menschen geschaffenen Welt auszudrücken, verwendet Montessori statt des Begriffs „Kultur" häufig die Bezeichnung „Super-Natur", die neben kulturellen Werken im engeren Sinn alle zivilisatorischen Leistungen des Menschen meint. Diese kulturschaffende, weltgestaltende Tätigkeit des Menschen ist seine „kosmische Mission". Sie ist für ihn eine anthropologische Notwendigkeit, die für Montessori letztlich im Rahmen ihrer christlichen Weltdeutung in seiner Rolle als „Hauptagent Gottes für die Schöpfung auf der Erde" gründet (1988, S. 88).

Die Super-Natur, welche der Mensch ins Leben ruft, wirkt ihrerseits verändernd auf den Menschen zurück sowohl auf die Persönlichkeit des einzelnen als auch auf die Entwicklung der Menschheit als ganzer. Auch die sozialen Beziehungen des Menschen, der nach Montessori „das soziale Wesen par excellence" ist (1973, S. 15), wandeln sich. Aus einfachen Anfängen entwickeln sich immer komplexer werdende soziale Gebilde. In der Gegenwart hat diese Entwicklung einen neue Qualitätsstufe erreicht. Denn die Menschheit bildet heute „einen einzigen lebenden und wirkenden Organismus, ...*eine einzige Nation*" (ebd., S. 49). Montessori verweist auf die Verbesserungen der Kommunikationsmöglichkeiten, die Entwicklung der Verkehrsmittel, die internationalen Verflechtungen des Handels, den expandierenden Tourismus, den weltweiten Austausch von Wissenschaft und Kunst sowie andere Faktoren dieser Art. Maßnahmen eines engstirnigen Nationalismus erscheinen ihr angesichts solcher Phänomene als „Absurditäten". Diese Entwicklung zur einen Menschheit hat sich bis in unsere Zeit hinein unbewußt vollzogen. Nun muß sie von der Menschheit bewußt aufgegriffen und in Eigenverantwortung weiter vorangetrieben werden. Es gibt für diese Situation in der Vergangenheit nichts wirklich Vergleichbares, an dem wir uns orientieren könnten. Unsere Gegenwartssituation hat gegenüber allem Vergangenen eine völlig neue Qualität.

Das Fatale der gegenwärtigen Krisenzeit ist indessen, daß sich die Menschheit der neuen Situation noch nicht bewußt ist, daß ihre innere Entwicklung mit dem rasanten Fortschritt im Äußeren nicht Schritt gehalten hat, daß sie moralisch und mentalitätsmäßig auf der Entwicklungsstufe einer vergangenen Epoche stehengeblieben ist. Aus diesem „gestörten Gleichgewicht" erwächst die Gefahr, daß sich der Mensch sich selbst entfremdet und zum „Opfer seiner Umwelt (wird), die er selbst geschaffen hat" (1966, S. 25). Es droht eine „universale Katastrophe", der Untergang der Menschheit, ihre „Selbstvernichtung". Denn erstmals in der Geschichte der Menscheit hat die Anhäufung von Mitteln durch den wissenschaftlich-technischen Fortschritt dem Menschen die Macht dazu verliehen. Es ist tragisch, „daß sich", wie Montessori formuliert, „die Evidenz der Vereinigung (den Menschen) mehr in der Form der Vernichtungsdrohungen als in der Erscheinung eines herrlichen Schöpfungssieges dargestellt hat" (1988, S. 24).

In dieser Situation hilft kein einfaches „Zurück zur Natur", kein Ausstieg aus der Entwicklung. Der Mensch kann nicht mehr ohne die von ihm entwickelte Super-Natur leben. Sie muß vielmehr weiter ausgebaut werden im Sinne eines humaneren Lebens für alle. Allerdings muß der Fortschritt rückbezogen bleiben auf Vorgegebenheiten der Natur. „Die weise Natur" – so formuliert Montessori (1966, S. 93) – „muß die Grundlage bilden, auf der eine noch vollkommenere *Supra*-Natur erbaut werden kann. Es ist sicher, daß der Fortschritt über die Natur *hinausgehen* und andere Formen annehmen muß; aber er kann nicht erfolgen, wenn man die Natur mit Füßen tritt".

Eine grundlegende Überprüfung des Kurses der Menschheit ist nach Montessori unumgänglich. Es gilt zu erkennen, daß bei der Errichtung der Super-Natur trotz deren Großartigkeit „gewaltige Fehler" unterlaufen sind. Dazu gehören die ungerechte Verteilung der Reichtümer und der politischen Macht auf dieser Erde, woraus eine ständige Gefahr für den Frieden erwächst. Die menschliche Gesellschaft bedarf einer Neuorganisation unter den Prinzipien der „Gerechtigkeit und Liebe". „Die Zeit ist vorbei", meint Montessori, „da irgendwelche Rassen oder Nationen zivilisiert sein können und andere dabei in Knechtschaft und Unwissenheit belassen" (1988, S. 108). Entwicklungshilfe ist deshalb eine unabdingbare Notwendigkeit und letztlich ein Selbstschutz der hochentwickelten Länder. Aber soziale, ökonomische, politische Maßnahmen – so notwendig sie auch sind – reichen nicht aus. Vielmehr muß die Menschheit auf eine neue Stufe „individueller und sozialer Moral" gehoben werden, was für Montessori nur durch eine entsprechende Erziehung jedes einzelnen Menschen möglich wird. Es darf nicht mehr primär um „das Vorantreiben des materiellen Fortschritts" gehen. Vielmehr „(müssen) alle Anstrengungen .. auf die Bildung des inneren Menschen ausgerichtet sein…" (1973, S. 55). Eine solche Neuorientierung der Erziehung, wie sie die gegenwärtige Weltsituation ihrer Ansicht nach erfordert, entwirft Montessori in ihrem Konzept der „Kosmischen Erziehung".

3. Maria Montessoris Entwurf einer „Kosmischen Erziehung"

3.1 Inhaltliche und intentionale Aspekte

Wenden wir uns zunächst den inhaltlichen und intentionalen Aspekten der Bildungstheorie Montessoris zu. Das Konzept der „Kosmischen Erziehung" zielt im wesentlichen darauf ab, den jungen Menschen in die eben beschriebene Weltsicht der „Kosmischen Theorie" einzuführen. Montessori glaubt, damit ein umfassendes Leitkonzept gefunden zu haben, das sie zusammenhanglosen Erziehungs- und Bildungsbemühungen der Schule in einer den Erfordernissen der neuen Weltepoche entsprechenden Form integriert und zentriert. Die aus der Umgestaltung von Natur hervorgehende „Super-Natur" bildet für den modernen Menschen – so führt sie aus – „den Hintergrund seiner Entwicklungsmöglichkeiten. Ein großzügigeres und würdigeres Leben als jemals zuvor ist möglich. Und da die Kinder auf dieses Leben vorbereitet werden müssen, ist das *fundamentale Bildungsprinzip die Wechselbeziehung aller Dinge und ihre Zentrierung in dem Kosmischen Plan*" (1988, S. 100). In diesem Sinne macht Montessori in ihrem Spätwerk „Kosmische Erziehung" – wie anfangs schon erwähnt – zum „Grundstein der Schulerziehung".
„Kosmische Erziehung" ist also – und das scheint mir von entscheidender Bedeutung für ein angemessenes Verständnis – nicht nur ein Sektor im Kreis der Bildung, der genauer ausgefüllt und mehr beachtet werden sollte, sondern ein umfassendes Prinzip, eine grundlegende Perspektive für den gesamten Umkreis der Erziehungs- und Bildungsbemühungen. Es geht um einen *„universalen Lehrplan"*, „der den Verstand und das Gewissen aller Menschen in einer Harmonie vereinen kann", indem er die vielfältigen Inhalte der Schulerziehung und -bildung auf die Evolution von Erde und Menschheit und zum kosmischen Plan bezieht. Die Montessori-Pädagogin Christiane Gobbin-Claussen hat vor einiger Zeit einen Entwurf für einen solchen universalen Lehrplan vorgelegt, der den Intentionen Montessoris sicherlich nur begrenzt gerecht wird, aber gleichwohl zur Veranschaulichung dienen kann (abgebildet in Holtstiege 1985).
Montessori entwickelt verschiedene Prinzipien für diesen Lehrplan, auf die ich im einzelnen nicht eingehen kann. Hervorzuheben ist, daß sie im Sinne von Wissenschaftsorientierung des Unterrrichts Aspekte der Wissenschaften von der Natur und von Wissenschaften vom Menschen und von der Gesellschaft einbeziehen und *in ihrem Zusammenhang* sichtbar machen will. Wiederholt gibt sie auch Beispiele und Überblicke aus diesem Themenkreis. So stellt sie etwa am Thema „Wasser" dar, wie dabei verschiedenste Wechselbeziehungen

aufgezeigt, Aspekte unterschiedlicher Wissenschaften eingebracht, der Zusammenhang zur Evolution der Erde und zum kosmischen Plan hergestellt sowie Bezüge zur gegenwärtigen Situation von Natur und Menschheit sichtbar gemacht werden können (vgl. 1979a, S. 52ff.; 1988, S. 57ff.). Entsprechendes demonstriert sie an Überblicken über frühe Kulturen in der Geschichte der Menschheit (ebd., S. 101ff.). „Kosmische Erziehung" kann zur zentrierenden Achse der übrigen Schularbeit werden. Anhand der Geschichte der Menschheit kann das Kind z. B. eine Vorstellung davon gewinnen, daß „Sprache, Religion ... und Kunst" „gemeinsame Merkmale aller Menschen" darstellen und Erfindung der Schrift sowie mathematische Leistungen für den Aufbau von Kulturen fundamentale Bedeutung haben. In den damit eröffneten umfassenden Sinnhorizont können dann die von Montessori schon früher entwickelten Programme für solche Fachbereiche – insbesondere für Mathematik und Sprache – einrücken. Zugleich wird dem Kind eine interkulturelle Perspektive eröffnet und das Bewußtsein für die grundlegenden Gemeinsamkeiten aller Menschen geweckt. Durch die interkulturelle Akzentuierung der Inhalte in Fachbereichen wie Sprache und Mathematik – etwa die Einbeziehung von Schriftzeichen und Rechenformen fremder Kulturen – kann dies noch verstärkt werden. Für den Mathematikunterricht in der Grundschule hat dies zum Beispiel der italienische Montessori-Pädagoge Camillo Grazzini aus Bergamo beim 18. Internationalen Montessori-Kongreß in München 1977 am Beispiel der Behandlung der verschiedenen Rechensysteme in der Montessori-Schule dargelegt (vgl. Grazzini 1978). Für den Sprachunterricht berichtete beim selben Kongreß die amerikanische Montessori-Pädagogin Hildegard Solzbacher aus Milwaukee von einer entsprechenden ökologisch orientierten Ausrichtung des in ihrer Schule benutzten Sprachmaterials (Solzbacher 1978). Entsprechendes könnte man auch für Religion und Kunst aufzeigen.

Besondere Aufmerksamkeit schenkt Montessori der *moralischen Dimension* im Rahmen „Kosmischer Erziehung". Gegenüber Natur und Menschheit sollen Gefühle der „Bewunderung und Dankbarkeit", des „Staunens", der „Liebe" und der „Begeisterung" geweckt werden. Es kommt an auf eine Pflege „der Gefühle für die Gerechtigkeit und persönliche Würde". Es geht darum, „jenes menschliche Verstehen und jene Solidarität zu entwickeln, die heute so sehr fehlen" (1979a, S. 97f.). Dazu bedarf es auch kognitiver Elemente, so z. B. der Einsicht in die wechselseitige Abhängigkeit aller Menschen in unserer heutigen Welt und ihre gemeinsame Aufgabe. Besonderes Gewicht erhält in diesem Zusammenhang bei Montessori eine Erziehung zur „Ehrfurcht" gegenüber Natur und Mensch. Es soll freilich nicht eine unaufgeklärte Ehrfurcht sein, wie sie Naturvölker haben, sondern eine von den Erkenntnissen moderner Wissenschaften genährte und geförderte Ehrfurcht (in diesem Sinne auch Portmann 1971). Sie ist zugleich die Grundhaltung des Erziehers zum Kind. Indessen entwickeln sich solche Einstellungen – so wichtig auch kognitive Aspekte sind – nicht aus bloßer Belehrung, sondern durch Beispiel, Erfahrung und Tun. Dafür muß daher auch im Rahmen „Kosmischer Erziehung" genügend Raum sein.

3.2 Methodische und mediale Aspekte

Wir kommen damit zum Bereich der *methodischen Aspekte* „Kosmischer Erziehung". Montessori empfiehlt hierfür ein breites Spektrum von Möglichkeiten. Selbstverständlich gilt auch hier ihr fundamentales Prinzip, daß „das Kind mittels seiner eigenen individuellen Aktivität lernen muß" (1988, S. 40; vgl. 1978, S. 6). Durch Schülerexperimente und Formen freier Arbeit soll dies erreicht werden. Aber auch der Lehrervortrag zur Vermittlung „panoramaartiger Überblicke" (Mario Montessori jun. 1977) erhält einen hohen Stellenwert. Spannendes Erzählen, Anschaulichkeit, Kindgemäßheit, Verdeutlichungen durch Fotos, Karten, Zeichnungen, Modelle sollen beachtet werden. Schon von Maria Montessori selbst, ihrem Sohn Mario und späteren Praktikern der Montessori-Pädagogik sind verschiedene Materialien für den Aufgabenbereich der „Kosmischen Erziehung" entwickelt worden, auf die ich hier nicht näher eingehen kann (vgl. z. B. Elsner 1982; Ewijk 1988; Oswald 1989 b).
Ferner sind die Möglichkeiten „originaler Begegnung" (H. Roth) zu nutzen. Kann doch – wie Montessori formuliert – „die von der Welt abgeschlossene Schule, so wie sie heute verstanden wird, .. dem Kind nicht genügen" (1979 a, S. 27). Deshalb fordert sie dazu auf, die Schule des öfteren zu Exkursionen und Wanderungen zu veranlassen. Die mit allen Sinnen gemachte unmittelbare Erfahrung eines Waldes beispielsweise sei durch kein Medium im Rahmen der Schule zu ersetzen. Wir werden heute hinzufügen müssen: auch nicht durch eine noch so perfekte Computer-Simulation. Schließlich soll Natur auch Bestandteil der vorbereiteten schulischen Umgebung sein. Pflanzen und Tiere, Blumenpflege in der Klasse, Aquarien und Terrarien, Kästen für Versuche mit Pflanzen u. a. m. gehören dazu. Das der Natur durch die moderne Welt entfremdete Kind soll nicht nur Wissen über sie erwerben, sondern in und mit ihr zu leben lernen. Dazu gehört für Montessori nicht zuletzt die Hinführung zum

Erfassen des Naturschönen und die Erschließung eines religiös-kontemplativen Naturbezugs.

3.3 „Kosmische Erziehung" als modernes Bildungsprogramm für alle Alters- und Entwicklungsstufen

Zusammenfassend kann man sagen, daß Montessori mit ihrem Konzept einer „Kosmischen Erziehung" ein Programm vorlegt, in dem moderne schulpädagogische und didaktische Prinzipien berücksichtigt sind: Wissenschafts- und Handlungsorientierung, Kindgemäßheit, Interdisziplinarität – insbesondere die Verknüpfung von Themen aus natur- und sozialwissenschaftlichen Bereichen –, Herstellung von Querverbindungen zwischen allen Fächern, Erfahrungsbezug, exemplarischer Charakter der Themen, fachsprachliche Förderung. Darüber hinaus gewinnt Montessori durch die Ausrichtung der schulischen Arbeit auf den „kosmischen Plan" in der Evolution der Erde und der Menschenwelt eine integrierende Perspektive im Sinne der Systemorientierung ökologischer Betrachtungsweise und eine ausgeprägte interkulturelle Orientierung von zukunftsweisender Bedeutung.

Es bleibt noch hinzuzufügen, daß dieses Programm von Montessori zwar primär für die Primarstufe entwickelt wurde, also für Kinder im Alter von 6 bis 12 Jahren. Aber sie selbst weist darauf hin, daß es im Prinzip auch für die vorhergehende Altersstufe von der Geburt bis zum Alter von 6 Jahren und für die nachfolgende Sekundarstufe gilt (vgl. auch Oswald 1977; 1989 a und b; Kratochwil 1991; Tschamler 1992). Allerdings müssen beispielsweise im Jugendalter – den Bedürfnissen dieser Entwicklungsstufe entsprechend – neue Wege beschritten und auch inhaltlich andere Akzente gesetzt werden. Mit Recht hat deshalb die Montessori-Pädagogin Magret Stephenson (1972) bereits vor zwei Jahrzehnten formuliert: „Kosmische Erziehung ist der Plan für die Entwicklung des Kindes in jedem Stadium…".

Der Krefelder Montessori-Pädagoge Darko Heimbring hat in seiner Dissertation „Montessori-Pädagogik und naturwissenschaftlicher Unterricht" aus dem Jahr 1990 Möglichkeiten aufgezeigt, wie man auch im Rahmen der Sekundarstufe II in diesem Sinne arbeiten kann. Wichtig erscheint mir, daß man die Konzeption der „Kosmischen Erziehung" Montessoris nicht zu eng faßt, etwa lediglich als besonderen Sektor der Schulbildung im Sinne des Sachunterrichts in der Grundschule. Es gilt vielmehr, sich der Herausforderung zu stellen, die mit ihrem Anspruch verbunden ist, mit ihrem Ansatz der

„Kosmischen Erziehung" ein *fundamentales Bildungsprinzip* gefunden zu haben.

Abschließend möchte ich die Überlegungen Maria Montessoris unter einigen Aspekten mit Ansätzen gegenwärtiger Ökopädagogik vergleichen, um Nähe und Distanz etwas charakterisieren zu können, sowie einige kritische Bemerkungen hinzufügen.

III. Aktualisierende Einordnung und kritische Würdigung der Konzeption einer ökologisch orientierten Schulpädagogik bei Montessori

Zunächst ist festzuhalten, daß schon in Montessoris ursprünglicher Konzeption eine ökologische Grundorientierung vorhanden ist. Ihre Konzeption einer „vorbereiteten Umgebung" beinhaltet ja die Vorstellung, daß die Bedeutung der Umwelt und ihrer pädagogischen Gestaltung für Lern- und Erziehungsprozesse reflektiert werden muß, wie dies auch in manchen gegenwärtigen sozio-ökologischen Ansätzen angestrebt wird. Allerdings unterscheiden sich diese Konzepte im einzelnen erheblich voneinander, was hier nicht näher verfolgt werden kann. Die zentrale Frage in diesem Umkreis lautet, wie Eduard Werner Kleber zusammenfassend formuliert: „Wie Lernumwelt beschaffen ist (beschaffen sein soll) und wie der Heranwachsende seinen Lebensraum erschließt (aufbaut). Im Vordergrund stehen Lernen (nicht mehr Lehren) und die Suche nach Möglichkeiten, wie man Heranwachsenden helfen kann, sich selbst zu organisieren (nicht mehr, wie man sie erzieht)" (1985, S. 1137).
Man könnte hier auch auf die Nähe des Lernverständnisses Montessoris zu dem Jean Piagets verweisen. Lernen wird verstanden als eine aktive Auseinandersetzung des heranwachsenden Menschen mit der Umwelt, bei der es um die Herstellung eines Gleichgewichts zwischen kognitiven Strukturen und Umwelt geht. Allerdings sollte man sich vor vorschnellen Gleichsetzungen hüten und zumindest eine kritische Grenze aufzeigen, die von Montessori her zu manchen dieser Ansätze zu ziehen ist. Für Montessori ist der Mensch in einer dreifachen Perspektive zu sehen: Er ist *Werk der Natur*. Er ist *Werk des Menschen* unter Einschluß der Gesellschaft. Er ist schließlich entscheidend *Werk seiner selbst* als personales Wesen. Wo dieser dritte Gesichtspunkt zugunsten einer einseitig systemtheoretisch-kybernetischen oder soziologistischen Perspektive eliminiert wird, muß man von Montessoris Ansatz her kritische Distanz markieren. Aller-

dings gilt dies auch hinsichtlich mancher Äußerungen Montessoris selbst, deren Denken nicht ohne Widersprüche ist.

So ergibt sich im Hinblick auf ihre Konzeption der „Kosmischen Erziehung" das Problem, ob im Rahmen ihrer evolutionären Weltsicht mit der Teleologie des kosmischen Plans noch genügend Raum bleibt für die freie Entscheidung des Menschen. Ähnlich wie bei der geistigen Entwicklung des einzelnen Menschen stellt sich auch für die Entwicklung der Menschheit die Frage, ob durch die Beschreibung mit Kategorien der Biologie – besonders gerne greift Montessori auf die Embryologie zurück – den Besonderheiten der hier vorliegenden komplexen Zusammenhänge genügend Rechnung getragen wird. Es ist zwar deutlich, daß Montessori Analogien und Vergleiche beabsichtigt, aber gelegentlich wird der Vergleich zur unzulässigen Gleichsetzung, wenn sie von der Menschheit als „einer organischen Einheit" spricht, die sich naturgesetzlich zu entwickeln scheint. Die Perspektive des Menschen als Werk der Natur schiebt sich hier unangemessen in den Vordergrund. Solchen deterministisch klingenden Äußerungen stehen allerdings andere gegenüber, in denen die Freiheit als Existenzial des Menschen und die Nichtfixiertheit der kulturellen Entwicklung eindeutig betont werden. Auch rechnet Montessori trotz ihrer optimistischen Grundeinstellung mit der Möglichkeit eines Fehlschlagens der Evolution in der Selbstvernichtung der Menschheit.

Unvereinbar ist die Position Montessoris mit einer Form von „Ökopädagogik", welche eine ökologische Grundeinstellung nur über eine radikale Ablehnung der industriegesellschaftlichen Entwicklung gewinnen zu können glaubt. Ein solches grundsätzliches Mißtrauen gegenüber dem wissenschaftlich-technischen Fortschritt der Neuzeit und den damit verbundenen rationalen Denkformen – wie wir es anfangs auch bei Ludwig Klages formuliert fanden – ist Montessori fremd. Im Gegenteil erstrebt sie mit ihrer Pädagogik eine weitere Steigerung der den technischen Fortschritt ermöglichenden kreativen Intelligenz des Menschen. Andererseits zielt ihre Erziehungskonzeption aber auch nicht auf eine einseitige Perfektionierung der wissenschaftlich-technischen Naturbeherrschung. Vielmehr soll im Rahmen „erweiternder Erziehung" die Intelligenz des Menschen in umfassendere Zusammenhänge eingebunden werden. Ausdrücklich kritisiert sie den „Verlust der Vernunft" als Kennzeichen der Zeit. Die Vernunft als vernehmendes Organ des Menschen soll wieder mehr _zu ihrem Recht kommen. Unmißverständlich fordert sie die Rückbindung der legitimen und notwendigen Umgestaltungstätigkeit des Menschen gegenüber der äußeren und inneren Natur an deren Vorgegebenheiten („kosmische Gesetze") und verlangt eine neue Moral, deren Wertvorstellungen eine verblüffende Nähe zu jüngst erschienenen Entwürfen einer Umweltethik haben (vgl. z. B. Auer 1989; Mertens 1989).

Bemerkenswert ist auch, daß der amerikanische Psychologe Lawrence Kohlberg, der sich an die Entwicklungspsychologie Jean Piagets anschließt und auch mit der Pädagogik Maria Montessoris vertraut ist, in seiner Stufenkonzeption der moralischen Entwicklung und Erziehung als umfassenden Horizont für die höchste Stufe einer prinzipiengeleiteten Moral eine „kosmische Perspektive" vorgesehen hat (vgl. Kohlberg 1977). Nach Kohlberg sind in dieser kosmischen Perspektive, die theistisch, pantheistisch oder agnostisch interpretiert werden kann, moralische Prinzipien keine mehr oder weniger willkürlichen menschlichen Erfindungen mehr, etwa ‚Setzungen', „sondern" – wie es wörtlich heißt – „sie werden als Gerechtigkeitsprinzipien angesehen, die in Harmonie stehen mit umfassenden Gesetzen, welche die Entwicklung der menschlichen Natur und der kosmischen Ordnung leiten" (1983, S. 42). Ähnlich formuliert es auch Montessori.

Montessori nimmt dabei jedoch keine „physiozentrische" Position ein, wie sie heute etwa Klaus M. Meyer-Abich (1984) vertritt. Nach dieser Auffassung soll der Mensch ganz in den Umkreis der Natur zurücktreten, die als natura naturans zur letzten normativen Instanz erhoben wird. Montessori hingegen unterstreicht bei aller Betonung der Einbindung des Menschen in die Natur dessen verantwortliche Sonderstellung. Gemäß ihrer „anthropozentrischen" Sicht soll der Mensch der Natur neue weiterführende Gestaltungsmöglichkeiten abringen, dabei aber das Eigensein und den Eigenwert der als Schöpfung verstandenen Natur respektieren. Deshalb erstrebt sie mit ihrer Pädagogik die Vereinigung von Aktivitätsmomenten und kontemplativen Elementen. Sie will damit eine Grundhaltung des Menschen zu seiner Umwelt fördern, in der kontemplativ-meditative Formen der Weltbegegnung die Balance halten zu den aktiv-herrscherlichen Weisen der Weltgestaltung. Funktionalität und Transparenz der Dinge sollen zu ihrem Recht kommen.

Werfen wir noch einen kurzen Blick auf Konzeptionen gegenwärtiger Umwelterziehung (vgl. z. B. Beer / de Haan (Hg.) 1984; Callies, J. / Lob, R. E. (Hg.) 1987). Eine gewisse Repräsentativität können die Dokumente der Weltkonferenz über Umwelterziehung eine führende Rolle für die Erziehung in Gegenwart und Zukunft zugesprochen werden. Hervorzuheben ist, daß Umwelterziehung keineswegs auf die biologische Umwelt (Natur) beschränkt wurde, sondern auch die soziale und kulturelle Umwelt des Menschen einbezog. Umwelt wird verstanden als das Gesamt natürlicher und sozialer Systeme, in denen Menschen und andere Organismen leben und aus denen sie ihren

Unterhalt beziehen: einerseits Biosphäre (einschließlich Hydrosphäre und Atmosphäre); andererseits alle vom Menschen gemachten Strukturen (einschließlich sozialer Gruppierungen und Institutionen). Eine ähnlich weit gespannte Vorstellung finden wir im „Lernbericht" des Club of Rome: „Der Akzent", heißt es da, „hat sich auf Fragen nach Recht und Unrecht, Hoffnung oder Verzweiflung, Wohlergehen oder Not, das richtige oder falsche Bild von den Menschen verlagert, und zwar nicht nur im Hinblick auf ihre Beziehungen zur Umwelt (sc. Natur, H. L.), sondern, was ebenso wichtig ist, im Hinblick auf ihre Beziehungen untereinander" (Botkin u. a. 1979, S. 24). Es ist deutlich, daß diese Sichtweise in der Konzeption Montessoris durchaus enthalten ist. Wenn weiterhin diagnostiziert wird, das eigentliche Problem sei ein menschliches Dilemma, nämlich „die Diskrepanz zwischen der zunehmenden Komplexität aller Verhältnisse und unserer Fähigkeit, ihr wirksam zu begegnen" (ebd., S. 25), so entspricht dies ganz der Analyse, welche auch Montessori gibt. Ähnliche Parallelen zu Zielsetzungen einer modernen Umwelterziehung lassen sich auch anderwärts aufzeigen (vgl. z. B. Kleber 1985).

Für Montessori ist eine entscheidende Dimension ihres Programms einer „Kosmischen Erziehung" das Bemühen um eine neue Moral. Dabei denkt sie nicht an eine an bestimmte Nationen oder Kulturen gebundene Moral, sondern an eine Art *Weltethos*, das die zur einzigen Nation zusammenwachsende Menschheit bei aller Vielfalt der Kulturen und Religionen in fundamentalen moralischen Fragen einen soll. Wie aktuell eine solche Zielsetzung ist, zeigen Plädoyers für ein solches Weltethos, wie es in jüngster Zeit z. B. von dem Tübinger Theologen Hans Küng formuliert worden ist (vgl. Küng 1990). „Kein Überleben ohne Weltethos", lautet die grundlegende These bei Küng, die dann im einzelnen mit der epochalen Umbruchsituation, in der wir nach Küng schon seit dem Ende des 1. Weltkriegs leben, begründet wird. Wesentlicher Bestandteil der neuen Epoche in der Menschheitsgeschichte ist für den Tübinger Theologen der Paradigmenwechsel von einem linearen, analytischen Denkstil, wie er für die neuzeitliche Naturwissenschaft charakteristisch war, zu einer ganzheitlichen („holistischen") Betrachtungsweise von Mensch und Welt. „Wir müssen uns heute auf komplexe, vernetzte und dynamische Gesamtzusammenhänge einstellen", heißt es bei Küng (1990, S. 42).

Damit gibt der Ökumeniker Forderungen wieder, wie sie heute von vielen Seiten erhoben werden (vgl. z. B. F. Vester 1980; 1988). Ich beziehe mich hier als Beispiel auf meinen früheren Bonner Kollegen Rolf Huschke-Rhein, der die Einführung solchen vernetzten oder systemischen Denkens in die Grundlegung der Pädagogik fordert. Es heißt bei ihm: „Ich stelle die These auf, daß wir uns heute an der Schwelle zur zweiten Aufklärungsepoche der Neuzeit befinden... In der zweiten Epoche geht es um die Neubestimmung des Verhältnisses von Vernunft und Natur. Die Lösung dieses Problems ist nach der hier vertretenen Auffassung nur im Systemdenken möglich. Die heutige Aufgabe der Vernunft ist es darum, zu erkennen, daß und wie wir in Systemen leben. Und die heutige Aufgabe der Vernunfterziehung lautet darum: ...Erziehung zu systemischem Denken und Handeln" (1988, Bd. I, 2. Aufl., S. 112). Montessoris Konzeption entspricht einer solchen Forderung. Denn sie hat ein solches Denken in Wechselbeziehungen – wie wir hörten – ausdrücklich zum „fundamentalen Bildungsprinzip" erhoben.

Am Ende ihres Lebens hat Montessori häufiger darüber nachgedacht, was ihre eigentliche Lebensleistung darstelle. Dabei hat sie betont, daß es im Grunde falsch sei, diese in der Entwicklung einer neuen Erziehungs*methode* zu sehen. Der Begriff der „Methode", den sie selbst früher für ihre Konzeption gebraucht hatte, sei eigentlich zu eng. Es gehe vielmehr um eine umfassende Förderung menschlicher Personalität. „Die menschliche Personalität muß in den Blick genommen werden" – schreibt sie – „und nicht eine Erziehungsmethode: Die Verteidigung des Kindes, die wissenschaftliche Erkenntnis seiner Natur, die Proklamation seiner sozialen Rechte müssen an die Stelle der zerstückelten Weisen, die Erziehung zu konzipieren, treten. Angesichts der Tatsache, daß ‚menschliche Personalität' jedem menschlichen Sein eigen ist und Europäer wie Inder und Chinesen Menschen sind, betrifft und interessiert es eo ipso alle von Menschen bewohnten Länder, wenn wir Lebensbedingungen feststellen können, die die menschliche Personalität fördern" (1966, S. 16). Ich denke, eine Erziehung in dieser umfassenden, ökologisch, kosmopolitisch und interkulturell orientierten und sozialen Perspektive, wie sie Montessori vertritt, die sich an dem Humanum orientiert, das alle Menschen unabhängig von ihrer Rasse, ihrer Religion, ihrem Geschlecht oder ihrer sozialen Herkunft verbindet, ist in unserer Zeit, in der Ausländerfeindlichkeit und brutale Verletzungen der Menschenrechte immer noch oder erneut ein erschreckendes Ausmaß angenommen haben, hochaktuell. Gewiß ist die Konzeption einer „Kosmischen Erziehung" und die darin implizierte ökologisch orientierte Schulpädagogik und Didaktik Montessoris sowohl hinsichtlich der theoretischen Grundlegung wie auch der praktischen Ausgestaltung unvollkommen und verbesserungsfähig. Aber Montessori selbst ist sich solcher Unvollkommenheiten durchaus bewußt und versteht ihr Konzept als offen und entwicklungsbedürftig. Es gilt hier, was die damals fast achtzigjährige Pädagogin in dem letzten von ihr selbst herausgegebenen Buch, das 1949 erschien, in einem vergleichbaren Zusammenhang so formulierte: „Es ist nicht nötig, daß die Untersuchungsarbeit ganz vollendet wird. Es genügt, die Idee zu verstehen und nach ihren Angaben voranzuschreiten" (1966, S. 28).

Literatur:

Auer, A., Umweltethik – Ein theologischer Beitrag zur ökologischen Diskussion, 3. Aufl., Düsseldorf 1989

Beer, W./de Haan, G. (Hg.), Ökopädagogik – Aufstehen gegen den Untergang der Natur, Weinheim/Basel 1984

Botkin, J.W. u. a., Das menschliche Dilemma, 2. Aufl., Wien 1979

Elsner, H., Der Geologie-Baukasten – Eine neue Arbeitshilfe für die „Kosmische Erziehung", in: Montessori-Werkbrief 20 (1982), H. 1, S. 9-52

Ewijk, N. van, Entwicklungsmaterial – Formgebung, Herstellung und Bewertung von Lernmitteln für den Montessori-Unterricht, Münster 1988

Grazzini, C., Die Anwendung der Montessori-Methode in der Mathematik: vom Begriff des Stellenwerts zu dem der Kultur, in: Hellbrügge, Th./Montessori, Mario sen. (Hg.) 1978, S. 181-188

Heimbring, D., Montessori-Pädagogik und naturwissenschaftlicher Unterricht, Aachen o.J. (1990)

Hellbrügge, Th./Montessori, Mario sen. (Hg.), Die Montessori-Pädagogik und das behinderte Kind, München 1978

Holtstiege, H., Montessori-Pädagogik, in: Enzyklopädie Erziehungswissenschaft Bd. 7: Erziehung im Primarschulalter, Stuttgart 1985, S. 425-435

Huschke-Rhein, R., Systemische Pädagogik – Ein Lehr- und Studienbuch für Erziehungs- und Sozialwissenschaftler, 4 Bde., Köln 1987 ff.

Klages, L., Mensch und Erde – Fünf Abhandlungen, München 1920

Kleber, E.W., Ökologische Pädagogik oder Umwelterziehung? in: Twellmann, W. (Hrsg.), Handbuch Schule und Unterricht, Bd. 7.2, Düsseldorf 1985, S. 1194-1210

Kohlberg, L., Eine Neuinterpretation der Zusammenhänge zwischen der Moralentwicklung in der Kindheit und im Erwachsenenalter, in: Döbert, R. u. a. (Hg.), Entwicklung des Ichs, Köln (1977), S. 225-252

Kohlberg, L. u. a., Moral Stages: A Current Formulation and a Response to Critics, Basel u. a. 1983

Kratochwil, L., Die pädagogische Bedeutung der Dimension des Kosmischen im Werk Maria Montessoris, in: Montessori-Werkbrief 29 (1991), H. 2, S. 69-82

Küng, H., Projekt Weltethos, München 1990

Ludwig, H., „Kosmische Erziehung" – Zum Ansatz einer ökologisch orientierten Schulpädagogik und Didaktik bei Maria Montessori, in: Pädagogische Rundschau 46 (1992), S. 389-406; ferner in: Montessori-Werkbrief 30 (1990), H. 1/2, S. 14-34

Mertens, G., Umwelterziehung – Eine Grundlegung ihrer Ziele, Paderborn 1989

Meyer-Abich, K. M., Wege zum Frieden mit der Natur, München 1984

Montessori, M., Über die Bildung des Menschen, Freiburg 1966

Montessori, M., Frieden und Erziehung, Freiburg 1973

Montessori, M., Das kreative Kind – Der absorbierende Geist, 4. Aufl., Freiburg 1978

Montessori, M., Von der Kindheit zur Jugend, 3. Aufl., Freiburg 1979

Montessori, M., „Kosmische Erziehung", Freiburg 1988

Montessori, Mario jun., Kosmische Erziehung, in: Derselbe, Erziehung zum Menschen, München 1977, S. 131-143

Oswald, P., „Kosmische Erziehung" in der pädagogischen Theorie Maria Montessoris, in: Scheid, P./Weidlich, H. (Hg.), Beiträge zur Montessori-Pädagogik 1977, Stuttgart 1977, S. 122-138

Oswald, P., Maria Montessori und die kosmische Erziehung, in: Fuchs, B./Harth-Peter, W. (Hg.), Montessori-Pädagogik und die Erziehungsprobleme der Gegenwart, Würzburg 1989 (a), S. 34-47

Oswald, P., Wirklichkeit und Vision – Eine realistisch-visionäre Konzeption und die Ansätze ihrer praktischen Verwirklichung, in: Montessori-Werkbrief 27 (1989) (b), H. 4, S. 124-138

Portmann, A., Naturschutz wird Menschenschutz, Zürich 1971

Schulz-Benesch, G., Montessori, Darmstadt 1980

Solzbacher, H., Schreiben und Lesen, in: Hellbrügge, Th./Montessori, Mario sen. (Hg.), 1978, S. 81-85

Stephenson, M., Kosmische Erziehung, in: Montessori-Werkbrief 29 (1972), S. 19-25

Tschamler, H., Von der Kosmischen Erziehung zur Umwelterziehung – Der Beitrag der Montessori-Pädagogik zur Öko-Pädagogik, in: Haberl, H. (Hrsg.), Montessori und die Defizite der Regelschule, Wien 1993, S. 89-104

Vester, F., Neuland des Denkens, München 1980

Vester, F., Leitmotiv vernetztes Denken, München 1988

Die Autoren

Ilse Brunner, Dr.: Visiting Assistant Professor an der University of Missouri – St. Louis, Coordinator Accelerated School Center, USA

Herbert Haberl, Dr.: Direktor des Pädagogischen Instituts des Bundes in Salzburg, Vorsitzender des Österreichischen Bundesverbandes für Montessori-Pädagogik, Österreich

Theodor Hellbrügge, Dr. Dr.: Kinderarzt, em. o. Professor für Sozialpädiatrie an der Universität München, Deutschland

Harald Ludwig, Dr.: o. Professor am Institut für Theorie der Schule und der Bildungsorganisation, Westfälische-Wilhelms-Universität Münster, Deutschland

Franz J. Mönks, Dr.: Univ.-Professor und Direktor des Zentrums für Begabungsforschung an der Universität Nijmegen, Niederlande

Johannes Riedl, Dr.: Amtsführender Präsident des Landesschulrates für Oberösterreich, Österreich

Rupert Vierlinger, Dr.: o. Professor für Schulpädagogik an der Universität Passau, Deutschland

126